国家自然科学基金地区项目"负溢出效应视角下的服务失败和服务补救研究"（项目编号：72262009）

社交媒体中
消费者冲动消费行为研究
——准社会互动的作用

周晓睿◎著

A STUDY OF CONSUMER IMPULSE SPENDING
BEHAVIOR IN SOCIAL MEDIA
– THE ROLE OF PARA-SOCIAL INTERACTION

经济管理出版社
ECONOMY & MANAGEMENT PUBLISHING HOUSE

图书在版编目（CIP）数据

社交媒体中消费者冲动消费行为研究：准社会互动的作用/周晓睿著 .—北京：经济管理出版社，2023.9

ISBN 978-7-5096-9346-9

Ⅰ.①社… Ⅱ.①周… Ⅲ.①消费者—行为分析—研究 Ⅳ.①F713.55

中国国家版本馆 CIP 数据核字（2023）第 193158 号

组稿编辑：郭　飞
责任编辑：郭　飞
责任印制：黄章平
责任校对：蔡晓臻

出版发行：经济管理出版社
　　　　　（北京市海淀区北蜂窝 8 号中雅大厦 A 座 11 层　100038）
网　　址：www.E-mp.com.cn
电　　话：（010）51915602
印　　刷：唐山昊达印刷有限公司
经　　销：新华书店
开　　本：720mm×1000mm/16
印　　张：11
字　　数：143 千字
版　　次：2023 年 11 月第 1 版　2023 年 11 月第 1 次印刷
书　　号：ISBN 978-7-5096-9346-9
定　　价：88.00 元

·版权所有　翻印必究·

凡购本社图书，如有印装错误，由本社发行部负责调换。
联系地址：北京市海淀区北蜂窝 8 号中雅大厦 11 层
电　话：（010）68022974　　邮编：100038

前　言

互联网技术的发展迎来了5G时代的到来，社交媒体在数字技术迭代的背景之下蓬勃发展，网络用户可以通过社交平台发布和分析各种视频内容。在从文字到图片、图片到视频的内容分享变化中，视频博客（Vlog）作为一种网络用户自主生产的视频数据应运而生。视频博主（Vlogger）借由视频博客的方式分享自己的生活方式、产品体验感和对服务的感受及评价。由于视频博客的展现方式具有及时性和真实感，能对消费者的购买行为产生影响而受到了广泛的关注，通过视频博客的方式可以有效引起消费者的广泛关注，因此，受到越来越多的企业的广泛关注，企业将视频博客作为一种重要的新媒体营销方式纳入了企业营销组合之中，借由社交媒体平台，联合有影响力的视频博主以视频博客的方式推出新产品，让关注该博主的消费者对推荐产品或服务产生购买意愿。但视频博客营销方式是如何营销消费者产生购买意愿、心流体验进而激发出冲动消费行为的作用机理尚不清楚，因此，研究视频博客对消费者冲动性消费行为的内在机理影响，从准社会互动的理论视角，明确视频博主如何通过准社会互动关系、视频博客的持续输出来提高消费者购买意愿和心流体验，引发消费者冲动性消费行为的内在机理，成为了企业界和学术界的关注热点。

本书在现有文献的基础上，选取了视频博主的外在吸引力、社会吸引力和态度同质性的博主特性作为自变量，以准社会互动、购买意愿及心流体验为中介变量，感知真实性为调节变数，构建视频博主与受众建立的准社会互动对消费者冲动消费的影响模型，根据模型提出研究假设，通过文献研究法定义各个研究变量的题项，设计调研问卷，根据被试者的回复，优化调查问卷，进行多渠道发放收集研究数据。调研对象的首要条件是观看过某位视频博主的博客且产生过冲动消费行为。本书通过问卷星、微信、QQ、小红花等社交平台共计发放调查问卷657份，收回有效问卷523份，运用统计分析软件对有效问卷进行信效度分析，在充分确定问卷数据的有效性之后对研究模型的自变量和因变量进行结构方程式分析，探究研究中的调节变量及中介效应是否成立，研究视频博主的特征对消费者冲动消费的影响。

本书研究结果表明：第一，视频博主的外在吸引力和态度同质性对受众与视频博主的准社会互动影响显著，但各测量变量影响程度不同。第二，受众与视频博主的准社会互动对受众的购买意愿影响显著。第三，受众与视频博主的准社会互动对受众的心流体验影响显著。第四，购买意愿和心流体验在结构方程模型路径分析中起中介作用，其中，视频博主的相似性特征在消费者购买意愿影响路径中起部分中介作用；视频博主的吸引力、可信度特征在消费者购买意愿影响路径中起完全中介作用。第五，感知真实性在准社会互动与消费者冲动消费行为中的调节效应不显著。

针对企业的营销管理工作，本书提出如下建议：第一，重视视频博客对消费者行为影响的重要性；第二，重视视频博主对准社会互动关系影响的两个重要特征表现在外在吸引力和态度同质性方面；第三，注重运用视频博客的新营销模式，建立视频博主与消费者的准社会互动关系，助力公司的营销推广及品牌建设。

本书对视频博主提出优化建议：第一，研究表明视频博主应积极提升外在吸引力，打造具有辨识度的外在形象，是提高消费者在社交媒体平台对视频博主予以关注的关键点，态度同质性特征是通过提升与消费者产生共鸣的核心点；第二，提升视频博主与消费者在准社会互动方面的频次与强度是建立亲密和信任关系的前提；第三，短视频内容应注重激发顾客心流体验和购买意愿，才能有效影响消费者的冲动消费行为。

本书的出版凝结了众人的辛勤付出，在此感谢大家的辛勤付出。感谢桂林理工大学商学院的各位领导，本书的出版得到了他们的大力支持和帮助；感谢我的硕士研究生汪欣怡、吴木坚、高悦，他们撰写了部分章节内容并修订全书体例，为本书的出版付出了大量的时间和精力；感谢家人们给予了我很大的支持和关爱，为我争取了宝贵的学术研究时间。

由于笔者水平有限，加之编写时间仓促，书中疏漏与不足之处在所难免，恳请广大读者批评指正。

周晓睿

2023 年 6 月 19 日于桂林

目　录

第1章 绪论 ··· 1

1.1 研究背景及研究目的 ··· 3
1.1.1 研究背景 ··· 3
1.1.2 研究目的 ··· 7

1.2 研究问题及研究意义 ··· 8
1.2.1 研究问题 ··· 8
1.2.2 研究意义 ··· 9

1.3 研究思路 ··· 11
1.3.1 内容结构 ··· 11
1.3.2 技术路线 ··· 13

1.4 研究方法 ··· 14
1.4.1 文献研究法 ··· 14
1.4.2 问卷调查法 ··· 14
1.4.3 数理统计分析法 ··· 15

1.5 研究创新点 ··· 15
1.5.1 研究视角的创新 ··· 15
1.5.2 研究内容的创新 ··· 16

第2章 研究背景 ··· 17

2.1 社交媒体 ··· 19

2.1.1　社交媒体的定义 ·· 19
　　　2.1.2　社交媒体中的购买行为 ······································ 20
　　　2.1.3　社交媒体购买过程中的关键身份 ························ 21
　2.2　冲动消费 ··· 23
　　　2.2.1　冲动性消费的定义 ·· 23
　　　2.2.2　冲动性消费的本质 ·· 25
　　　2.2.3　冲动性消费的合理性 ··· 26
　　　2.2.4　在线环境下的冲动性消费 ··································· 27
　　　2.2.5　冲动性消费的前因变量 ······································ 28
　　　2.2.6　社交媒体中的冲动性消费 ··································· 29

第3章　理论背景 ·· 31
　3.1　准社会互动理论的相关研究 ·· 33
　　　3.1.1　准社会互动的定义及特征 ··································· 33
　　　3.1.2　准社会互动的理论解释 ······································ 34
　　　3.1.3　准社会互动与人际互动 ······································ 36
　　　3.1.4　准社会互动前因变量研究 ··································· 37
　　　3.1.5　准社会互动结果变量研究 ··································· 41
　　　3.1.6　准社会互动理论文献评述 ··································· 43
　3.2　心流理论相关研究 ··· 45
　　　3.2.1　心流体验的定义 ·· 45
　　　3.2.2　心流体验的维度及测量 ······································ 47
　　　3.2.3　心流体验的影响因素 ··· 48
　　　3.2.4　心流体验与消费者冲动购买的相关研究 ·············· 49
　3.3　消费者购买意愿相关研究 ··· 50

3.3.1　消费者购买意愿的定义 ················· 50
　　　3.3.2　消费者购买意愿影响因素研究 ············· 51
　　　3.3.3　消费者购买意愿文献评述 ················ 53

第 4 章　研究假设与理论模型 ······················ 55
　4.1　研究假设 ····························· 57
　　　4.1.1　外在吸引力与准社会互动的关系 ············ 58
　　　4.1.2　社会吸引力与准社会互动的关系 ············ 59
　　　4.1.3　态度同质性对准社会互动的关系 ············ 59
　　　4.1.4　购买意愿与准社会互动的关系 ············· 60
　　　4.1.5　心流体验与准社会互动的关系 ············· 61
　　　4.1.6　心流体验与冲动消费的关系 ··············· 62
　　　4.1.7　购买意愿对冲动消费的关系 ··············· 63
　4.2　感知真实性的调节作用 ······················ 63
　4.3　购买意愿的中介作用 ······················· 64
　4.4　心流体验的中介作用 ······················· 65
　4.5　研究模型与假设的建立 ······················ 66

第 5 章　研究设计与方法 ························ 69
　5.1　变量的定义与测量 ························· 71
　　　5.1.1　变量的定义 ······················· 71
　　　5.1.2　变数的测量 ······················· 72
　5.2　问卷设计 ····························· 75
　　　5.2.1　问卷设计过程 ······················ 75
　　　5.2.2　问卷内容 ························ 76

5.2.3　调查对象的选取 ··· 76

第6章　资料统计与分析 ··· 79

6.1　描述性统计分析 ··· 81
　　　6.1.1　人口统计量分析 ··· 81
　　　6.1.2　观看视频博客情况分析 ····································· 83

6.2　信度和效度分析 ··· 84
　　　6.2.1　信度分析 ··· 84
　　　6.2.2　效度分析 ··· 86

6.3　多重共线性 ··· 89

6.4　结构模型检验 ··· 90
　　　6.4.1　结构模型拟合度检验 ··· 90
　　　6.4.2　结构模型路径检验 ··· 91

6.5　中介效应分析 ··· 93

6.6　调节效应分析 ··· 95

第7章　研究结论与管理建议 ··· 97

7.1　主要结论 ··· 99
　　　7.1.1　视频博主属性特征对准社会互动有积极作用 ······ 99
　　　7.1.2　准社会互动对消费者购买意愿有积极作用 ········ 100
　　　7.1.3　准社会互动的中介效应显著 ····························· 101

7.2　管理建议 ··· 102
　　　7.2.1　对企业的管理建议 ··· 103
　　　7.2.2　对视频博主的管理建议 ··································· 106

7.3　研究局限与展望 ··· 109

  7.3.1 研究局限 …………………………………………… 109

  7.3.2 研究展望 …………………………………………… 110

参考文献 ……………………………………………………… 113

附录1 调查问卷 ……………………………………………… 139

附录2 网络社交媒体平台的相关法律法规 ………………… 147

第1章

绪 论

1.1 研究背景及研究目的

1.1.1 研究背景

根据 CNNIC 互联网信息中心发布的第 49 次《中国互联网络发展状况统计报告》，截至 2021 年 12 月，我国互联网用户规模已经达到 10.32 亿，对比于 2020 年 12 月，增长了 4296 万用户，互联网普及率高达 73%，其中通过手机上网的用户人数为 10.29 亿，上网工具中手机占比高达 94.5%，不同于手机网民，使用台式及笔记本计算机上网的人群同比逐年下降。综上所述，2021 年中国互联网行业发展趋势主要表现在两个方面：第一，随着社交媒体用户数量的不断攀升，移动手机端的网民用户比例逼近 100%，我国网民基本都在使用手机端上网，同时 PC 端的使用率在不断下降。第二，"90 后""00 后"成为新一代网民主力军，移动端网民群体整体呈现年轻化特点。

随着互联网技术的不断革新，比如抖音、微博、快手和 B 站（bilibili）等融入日常生活的社交媒体平台在不断创新中迅速发展。中国移动互联网数据库报告显示，主流短视频平台粉丝数量 10 万以上的博主整体数据变化较大，大多数平台的博主数量都在增长，最引人注目的是抖音博主，2021 年抖音博主数量增长为 2020 年的 2.47 倍；B 站平台粉丝数量超过 10 万的博主数增加了近 2 倍。短视频行业随着短视频用户渗透率不断加深，社交媒体向电商引流效应也逐步加强。当前社交媒体与生活场景链接持续加深，企业通过社交媒体分享信息，视频展示等嵌入式的内容营销方式成为影响消费者购买行为的重要管道。

5G技术的牌照发放推动了网速的节节攀升，解决了视频缓存慢、观看不流畅的问题，短视频迎来了商业发展的元年。在短视频发展势如破竹之时，视频博客（Vlog）这一新的短视频传播模式应运而生，开始被大众所关注。视频博客是博客（Blog）的衍生产品，传统意义上的博客主要是通过图片加文字的方式记录日常生活，而视频博客借助视频录制的方式，后期剪辑的处理，呈现出短视频化的个人日常生活记录，通过社交媒体平台进行分享。视频博客最早出现在美国的短视频社交媒体平台YouTube，视频博客以类似纪录片的真实画面及时间轴记录的视频代入感，展示出博主的个人生活方式和价值理念。2012年，YouTube上出现了第一条视频博客，2013~2019年，YouTube经过不断地优化改良，视频博客已经成为当下最炙手可热的内容传播途径之一。此外，平台看到了视频博客的关注度带来的商业价值，YouTube推出了点击率"激励机制"，博主视频里的广告每点击1000次，YouTube平台就会分给博主3~5美元，将视频博客的关注度初步展现出广告促销的商业价值。YouTube运作的关键点就是内容生态的丰富，立足于UGC平台的特殊属性，每位用户都能够自由决定内容生产，这为YouTube平台带来了大量的浏览量。

艾媒咨询的调研数据显示，未来中国的短视频用户规模将持续增长。Web2.0时代解决了流量痛点，网络用户的短视频浏览时长已超过图文阅读量，以微博、B站及小红书平台为代表的社交媒体软件，正在构建以用户为中心的在线社交网络，视频博客凭借其巨大的社交潜力，正不断推动着在线社交和互动关系的产生，实现短视频社交的爆发（见图1-1）。

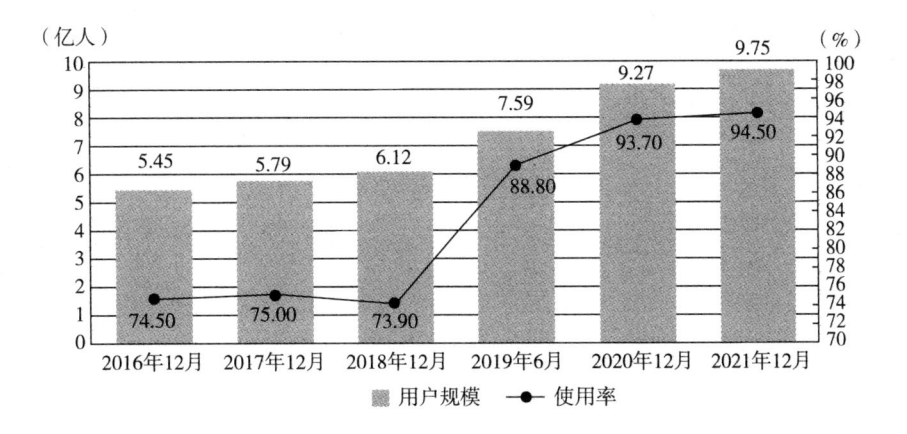

图 1-1 2016~2021 年我国网络视频用户规模及使用率

资料来源：第 49 次《中国互联网络发展状况统计报告》。

2018 年起，以影视明星为代表的网络名人开始将自己的国外生活以视频博客的方式分享到国内的社交平台，此行为逐渐被其他网络名人效仿，视频博客以自然、实在的叙述方式吸引了大批年轻消费群体的喜爱，展示出个性化的生活态度、奋斗质量和审美品位，成为另外一种潮流风向，引发了我国社交媒体平台中网民的广泛关注。以微博、小红书等为代表的社交媒体平台，陆续宣布投入数十亿流量全面推进视频博客的内容传播，如延长播放时长限制，无权限开放给所有网民发布视频博客。同年 5 月，B 站开始加大了对视频博客的扶持力度，宣布上线"Vlog 星计划"，此次推出的计划从流量扶持、现金激励、账号认证、活动支持、深度合作和平台招商集合了六大引流资源推动视频博客的影响力，希望打造全球视频博客引领平台。艾瑞咨询 2021 年的调研数据显示，90%以上的小红书创作者发布过视频内容，超过 50%的小红书以视频形式展现，视频内容的平均点赞量和平均阅览量比图文内容平均点赞与阅览数多 1~2 倍。截至 2021 年 5 月，微博视频号数量已超过 500 万个，其中粉丝数量超过 100 万的视频号数量超过

2.5万个，生活与娱乐两个领域的视频号规模及播放量均占60%以上，其中包括综艺节目、时尚美妆、搞笑、美食、旅游等各大领域。此外，视频博客、二次创作和开箱测评等视频号内容备受年轻消费者关注，属发展最快的内容类型。

  与一般的短视频内容不同，视频博客的形式更贴近真实的生活，更具有人格特征。更重要的是，通过屏幕间的虚拟场景互动，视频博主与消费者之间的准社会关系会逐渐建立，这种虚拟关系对消费者的网络冲动消费行为产生影响（Lee 和 Watkins，2016）。因此，如何借助视频博客进行产品或服务的营销推广，运用社交媒体营销模式影响网络消费者的购买行为受到了学者和企业营销人员的共同关注。研究人员提出，社交媒体中的商业研究价值将具有重大的理论意义和实践意义，然而迄今为止的研究只涉及了这方面的一小部分内容。这些研究大多集中在社交媒体的整体现象，如社交媒体的定义、概念和用户使用或参与社交媒体中视频博客的意图。因此，研究人员应该更深入地研究社交媒体的细节方面，而不是仅把整个社交媒体中的视频博客营销现象作为一个研究对象（Wang 和 Ping 等，2012）。作为对这一呼吁的响应，本书提出了一个尚未深入研究过的问题，这个问题对于研究者和实践者来说是至关重要的：受社交媒体中准社会互动关系影响消费者购买行为。根据文献梳理，目前国内的学者对视频博客及准社会互动的研究主要集中在定性研究为主，缺乏采用定量方式的研究。在实证研究方面，视频博主如何通过与消费者建立准社会互动关系，进而影响消费者冲动行为的影响机制还尚不明确。因此，本书探讨准社会互动的前因（外在吸引力、社会吸引力和态度同质性）和后果（冲动消费）及心流体验和购买意愿对冲动消费的影响机制，本书引入作为中介变量的心流体验和购买意愿来探究其对冲动消费的影响，这从消费者心理角度完善了顾客冲动购买行为理论，进一步拓展了社交媒体与冲动消费行为的新领域。

1.1.2 研究目的

随着互联网技术的更新迭代，当前短视频已成为仅次于实时通信行业的第二大信息行业。随着时代的发展，受众使用短视频的习惯正在逐渐渗透到各个年龄群体，受众从网络资源的使用者转变为网络内容的生产者，他们由模仿短视频内容转变为社交媒体平台中短视频内容的生产者，在独立策略和个人IP定位的基础上形成了各自独特的拍摄风格。短视频已然成为当代互联网用户群体碎片化社交的习惯，实现了从文本信息到视频信息的全面转变。高速的流量保障进一步推动了短视频营销的发展，而视频博客是短视频营销中的新营销模式，与传统广告不同，视频博客的形式由于拍摄简单，展现了真实的生活场景，在某种程度上更能获取观看者对感知真实及感知共情的心理体验，更能增加消费者对视频内容的可信度。目前在小红书、B站及抖音平台，视频博主分享的内容涉及广泛，视频博客内容包括美妆教程、旅游日志、育儿心得、理财技巧、购物开箱等多样化视频分享内容，且受到大量网络用户的青睐。

视频博客让分享者与观看者有了更亲密的心理感知，在网络的互动及回应近似于面对面的交流。但在线互动行为本质上不同于现实场景中的人际互动，尽管观看者对视频博主有比较全面的了解，可以对其生活发表个人看法，但由于单向关系的原因，视频博主无法切身收集到观看者的反馈，也无法对受众进行逐个回复，这种关系被定义为准社会互动（Parasocial Interaction）。根据对国内外文献的梳理与分析，在对国内社交媒体发展状况的研究中，涉及视频博主通过准社互动影响消费者冲动购买行为的研究为数不多。

此外，在消费者的购买动态中，冲动消费是一个普遍存在的现象，也是市场营销的主要考虑因素（Chang等，2014）。冲动消费是一种在没有计划的情况下进行的购买，是暴露在某种刺激下的结果，它往往是自发的，并且是在没有明显反思的情况下进行的（Beatty和Ferrell，1998）。此外，在中国领先的电子商务平台上进行的一项实证研究表明，消费者的互动增加了他们的冲动性购买倾向。这些证据表明，研究消费者在社交商务环境中的冲动消费行为，对于学术研究和实践经验有着重要意义。

因此，本书以准社会互动理论为基础，探究心流体验和购买意愿对消费冲动消费的影响机制，同时加入感知真实性作为研究的调节变量，以加深对视频博客的认识，为社交媒体营销提供理论依据，进一步拓宽准社会互动理论的应用范围。

1.2 研究问题及研究意义

1.2.1 研究问题

社交媒体中的消费者是独立的个体，没有来自销售人员或同伴的社会压力，因此冲动消费次数会减少（Madhavaram和Laverie，2004）。他们的购物知识、经验和评论的交流受到高度鼓励（Liang和Turban，2011）。同伴也就是本书中视频博主的存在可以给个人带来一定的压力和鼓励，这在传统的电子商务中通常是不存在的。因此，社交媒体中用户之间有更多的机会和场合来影响彼此的购物模式（Grange 和 Benbasat，2010）。这种转化为冲动购买的机制值得我们特别关注。因此，鉴于冲动消费在社交媒体中的重要性以及学术界和实证界对这一问题缺乏深入的认识，需要加强对这一问题的研究。

综上所述，社交媒体是具有提供商业活动和商业价值的社交网络平台。现有电子商务的实证研究倾向于选择社交网络作为研究背景反映了社交媒体在商务实践方面的独特性。因此，本书围绕以下研究问题，具体研究了基于社交媒体购物情景下的冲动消费：

第一，准社会互动如何影响消费者的冲动消费？

第二，社交媒体中准社会互动关系影响的主要前因是什么，它们如何影响消费者的心理？

第三，感知真实性是否在心流体验及购买意愿与冲动消费之间存在调节作用？

1.2.2　研究意义

本书具有理论意义和现实意义，丰富了社交媒体、准社会互动和冲动消费领域的理论，对社交购物实践具有指导意义。

1.2.2.1　理论意义

第一，基于相关文献回顾分析，目前学术界对于社交媒体中关于视频博客和视频博主的研究主要集中于对流行现象及媒体应用的研究，多以定性研究方法为主，而从社会影响理论视角的研究极少，对视频博客对消费者行为的影响研究也十分有限。本书从准社会互动理论视角出发，深入探究消费者心理中心流体验和购买意愿，建立并验证社交媒体中视频博客营销对消费者冲动消费影响的理论模型，进一步深化了对社交电商的认知，拓宽了冲动消费的理论研究边界。

第二，本书试图将社会学中的准社会互动理论作为前因变量引入对消费者冲动消费行为的研究中，因为基于传统和互联网媒介环境的研究主要使用 SOR 模型构建外部刺激对消费者行为的影响，很少有研究从准社会互动这一社会学理论的视角对网络消费群体进行研究。本书聚焦于社交媒体中的新营销模式，即视频博客营销，利用定量研究方法研究视频博主通过准社会互动对消费者冲动消费行为的影响。本书关注的准社会互动理论建立在传统媒体中媒体名人对观众的关系、消费者心理和市场营销视角上，将该理论运用到准社会关系对消费者冲动消费行为的影响机制中，拓宽了准社会互动理论和冲动消费理论的使用范围。

第三，本书旨在探讨虚拟博客用户发布虚拟博客营销时，影响观众对准社会互动感知的因素。虽然国内已有学者研究网络意见领袖影响粉丝的必要条件是双方需要具有一定的社会互动，但研究结果只停留在粉丝的主动行为和忠诚行为上，影响视频博客之间的社会互动特征有哪些，感知真实性是否会影响受众的冲动消费，而鲜有学者对该视角进行实证研究。本书基于社会传播中的准社会互动理论，从虚拟博客自身的特点出发，探讨受众对虚拟博客准社会互动感知的影响因素，引入了调节变量感知真实性对消费者冲动消费的影响，这一举措具有一定的创新性。本书结果对虚拟博客营销的理论知识进行了丰富，同时可以对企业正确使用虚拟博客进行营销推广活动具有一定指导作用。

1.2.2.2 现实意义

第一，当前短视频的发展已经进入成熟期，这也意味着想要获取流量的短视频博主需要花费的成本也大大提高。在过去的两年里，视频博客的发展掀起了一股新的浪潮，各大社交媒体平台都推出了支持视频博客的计划，这也带来了自己的流量。因此，可以有效降低关注视频博主的流量采集成本，提高交互式通信的效率。本书探讨了虚拟博客和虚拟博客上下文属性对消费者冲动消费的影响机制，有助于企业和传统电子商务公司了解其营销模式，为企业提供促进和实现快速发展和曲线超车的机会。

第二，从视频博主本人特征和视频博主类型特征探究两者对受众感知准社会互动的影响。不仅可以说明视频博主识别其作为意见领袖应该具备的特质，也说明了视频博主有意识地进行自我形象设计，以更好地维护与粉丝的关系，充分发挥情感，刺激消费者冲动消费。此外，可以看出，虚拟博客用户抓住了其虚拟博客中刺激消费者与其进行准社会互动的关键特征，这有助于引导用户发布合适的高质量虚拟博客，与受众互动，更好地利用虚拟博客进行营销和推广活动。

第三，本书发现准社交互动行为是视频博主影响受众产生冲动消费的重要机制。本书结论启示企业运用视频博客营销，不仅可以向消费者传播产品信息和品牌信息，还可以与消费者建立情感联系，共同营造和谐、温馨、亲切的社交氛围，像朋友一样，在交流互动中完成营销。

1.3 研究思路

1.3.1 内容结构

本书以社交媒体中的视频博主为研究对象，以社会学理论中的准社会互动理论为研究基础，探索视频博主通过与受众建立准社会互动关系，借由激发受众的购买意愿和心流体验感，影响其受众冲动消费行为的研究。通过阅读大量文献后建立理论模型解释准社会互动视角下视频博客对消费者冲动消费的影响机制，并构建了本书的研究假设，主要运用 Smart PLS 3.0 软件对问卷数据进行分析以及研究假设的验证，并从企业营销管理视角和视频博主自身发展视角提出本书的理论贡献和管理启示，指出研究的不足与展望。本书的结构安排如下：

第 1 章，绪论。本章在阐述研究背景和研究目的的基础上，提出了研究问题，详述了本书的研究意义。总结了采用的研究方法、内容结构和技术路线，最后阐述了本书的创新之处。

第 2 章，研究背景。本章阐述了社交媒体、冲动消费和社交媒体中的冲动消费的相关文献，包括社交电子商务的定义和实践中的具体活动。介绍了冲动消费的概念和本质。除了传统和在线环境下的冲动消费，对社交媒体环境下的行为也进行了讨论。本章的另一个重点是揭示这项研究的动机。

第 3 章，理论背景。本章阐述了本书相关的准社会互动理论、心流理论和消费者购买意愿理论进行国内外文献分析和梳理，为本书后续研究模型的建立奠定理论依据。

第 4 章，研究假设与理论模型。本章展示了如何从现有的文献和理论中构建出研究模型，随着每个研究假设的详细论证，证明了模型中相应的关系。根据视频博主"属性特征—准社会互动—心流体验/购买意愿—冲动消费"之间的关系提出研究假设，在该基础上构建本书研究模型。

第 5 章和第 6 章，研究设计与方法、资料统计与分析。这两章介绍了实证调查的背景以及我们收集数据的方式。在数据收集的基础上描述了数据分析过程，并对收集的问卷数据（不包括无效问卷）进行了实证分析。对调查对象的基本信息进行描述性统计分析，运用统计分析软件对数据及研究假设进行了翔实分析。

第 7 章，研究结论与管理建议。研究结论的发现是深入的解释，对研究和实践的影响进行了阐述。此外，基于本书的局限性，讨论了扩展研究的机会，最后总结了整体研究。

1.3.2 技术路线

图 1-2 展示了本书的技术路线，包括理论基础、研究内容及各章的分布关系。

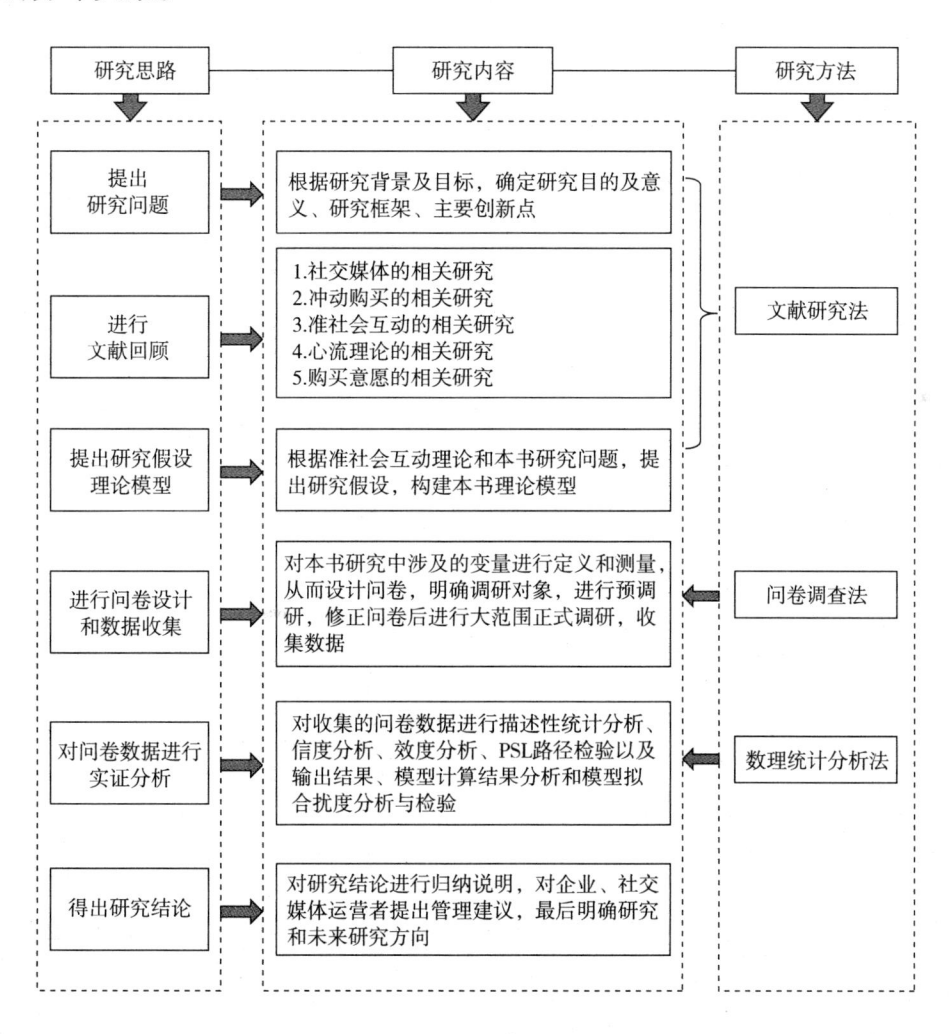

研究思路	研究内容	研究方法
提出研究问题	根据研究背景及目标，确定研究目的及意义、研究框架、主要创新点	文献研究法
进行文献回顾	1.社交媒体的相关研究 2.冲动购买的相关研究 3.准社会互动的相关研究 4.心流理论的相关研究 5.购买意愿的相关研究	
提出研究假设理论模型	根据准社会互动理论和本书研究问题，提出研究假设，构建本书理论模型	
进行问卷设计和数据收集	对本书研究中涉及的变量进行定义和测量，从而设计问卷，明确调研对象，进行预调研，修正问卷后进行大范围正式调研，收集数据	问卷调查法
对问卷数据进行实证分析	对收集的问卷数据进行描述性统计分析、信度分析、效度分析、PSL路径检验以及输出结果、模型计算结果分析和模型拟合优度分析与检验	数理统计分析法
得出研究结论	对研究结论进行归纳说明，对企业、社交媒体运营者提出管理建议，最后明确研究和未来研究方向	

图 1-2 技术路线

1.4 研究方法

本书采用定性和定量相结合的研究方法。在大量文献梳理基础上构建研究模型。为保障研究结论的严谨性和规范性，按照提出研究问题、阅读文献、研究假设、设计调查问卷和收集数据对调查问卷数据进行实证分析，采用方法如下：

1.4.1 文献研究法

文献研究法是收集、阅读、整理与本书相关的国内外文献。目的在于把握本书的前沿趋势，澄清本书的相关定义和测量方法，构建研究框架，并在借鉴前人研究成果的基础上提出研究假设。本书在阅读和总结大量相关文献的基础上，回顾了视频博主和视频博客的定义、准社会互动理论和消费者冲动消费理论，从而对变量关系进行假设推导，构建理论模型。

1.4.2 问卷调查法

为确保数据结果的准确有效，本书采用了国内外成熟量表，讨论了视频博主发布的视频对受众感知准社交互动的影响以及对受众冲动消费的影响。根据样本特点对量表进行调整，从问卷的设计到问卷的完善再到最终问卷的形成，都是围绕本书提出的概念模型和理论假设进行的。本书为了提高问卷回答的简易性和可靠性，采用结构化问卷的形式，删除问卷中信度较低的问题，形成最终问卷进行分发和收集，为假设检验提供数据支持。

1.4.3 数理统计分析法

本书主要采用统计工具 SPSS 和 Smart PLS3.0 对数据进行分析，主要包括对被调查对象的描述性统计分析、调查问卷数据的信度和效度分析、多重共线性和结构模型检验。通过 Bootstrapping 抽样方法分析中介变量和调节变量，以验证上述提出的假设研究，通过数据分析结果获取研究结论。

1.5 研究创新点

本书研究了虚拟博客营销对受众冲动消费的影响机制，总结了基于准社会互动理论的虚拟博客与受众互动模型，为虚拟博客的发展和企业虚拟博客营销的电子商务实践提供了相关对策。本书的创新点主要聚焦于研究视角和研究内容两个方面。

1.5.1 研究视角的创新

准社会互动理论在现有的研究主要应用于传统的大众媒体环境，而对现代社会媒体的研究很少。虽然国外一些学者已经开始将准社会互动理论应用于博客用户的研究，但大多数学者只关注社交媒体中博客用户的个人属性对准社会互动的影响，而忽略了虚拟博客上下文属性特征的影响。本书介绍了国内文化背景下视频博主的上下文属性特征，基于视频博主的属性特征，研究受众与视频博主之间的准社会互动，本书试图阐明虚拟博客对消费者冲动消费的影响机制，进一步拓宽准社会互动理论的应用场景。

1.5.2 研究内容的创新

本书为社交媒体营销增加了一个新的内容：视频博客营销，它的出现加深了对视频博主这一新兴学科的认识。随着虚拟博客的迅猛发展，国内学者对虚拟博客的研究还停留在现象层面，很少有学者进行实证研究。本书将准社会互动理论引入新型社交媒体营销的研究中，即视频博客营销，到新社交媒体营销的研究中，即视频博客营销，这是视频博客营销的一个主要特征，为视频博客营销研究提供了理论基础。此外，本书对视频博主的特性按照一定标准进行了分类，了解准社会互动关系如何通过购买意愿和心流体验影响受众的冲动消费行为，探索感知真实性是否会调节准社会互动对消费者冲动消费的影响。

第2章

研究背景

2.1 社交媒体

2.1.1 社交媒体的定义

社交媒体是人们基于互联网进行信息交换和互动的应用程序，其具体形式主要包括用户通过这些程序可以自主创造或向特定的个体和小区分享文字、图片、视频和直播等多媒体信息，具有通信实时性、方式互动性、内容新颖性、媒体个性化和展示场景化的特点。

国外社交媒体（Instagram、Twitter、Snapchat、Facebook和YouTube等）发展早于中国，国内主流的社交媒体（微博、抖音短视频、淘宝直播和B站等）中的微博和视频博客等都是从国外引进，并在国内进行了本土化整合发展而形成的。社交媒体的飞速发展改变了人们的日常生活的信息交流的方式，由传统的单向交流转变为双向交流。

近年来，社交媒体用户发布的内容由最初流行的图文形式转变为动图（Gif格式）与视频形式（李骁楠，2014），视频博客作为目前社交媒体中的典型代表形式，比起文字和图片更加受到用户的喜爱和关注，社交媒体发展渐以视频类社交媒体（抖音、快手等）为主，当前社交媒体的功能也备受关注，功能的显现成为了消费者青睐展示自我与企业进行品牌推广的营销工具。由于社交媒体的特性，企业能够直接与消费者接触互动，因此社交媒体成为企业推广产品与品牌的重要平台。

视频博客是源于"博客"的变体，可被称为"视频博客"，最初是留学生从国外引进后进行本土化调整演变而成的。博主可以通过社交媒体平台用视频博客视频记录自己关于美妆、学习、运动、旅游、餐饮等日常生活内容与产品体验等信息，并触及此平台其他博主和粉丝的日常生活，从而吸引潜在消费者。通过社交媒体平台和企业官方账号的广告进行在线推广已被多位学者证实是有效的（Vries 等，2012；Vries 和 Carlson，2014），博主能够成为关键意见领袖（KOL），他们的视频内容可以影响品牌、产品和潜在消费者（Ted 等，2007），粉丝数量较多的博主更受欢迎（Veirman 等，2016），其推广内容也比传统广告更吸引潜在消费者（Vries 等，2012）。因此，这些社交媒体视频博主成为企业对消费者推广其品牌与产品的新管道（Lee 和 Watkins，2016），从而引起了消费者行为研究学者的注意。

2.1.2　社交媒体中的购买行为

随着信息技术的进步，在线购物在消费者中已成为主流消费，社交媒体逐渐注重完善其购物功能，同时消费者也更加注重主动的搜索和分享。社交媒体作为一种新型的购物平台，赋予了消费者极大的自主权，让消费者有了新的管道通过社会互动来完善购买者的决策和提升购物体验。

购买行为是指消费者根据自己的需要对商品或服务进行搜索、选择、购买、使用、评价和处置的一系列活动。

在 AISAS 消费行为模型中，消费者的购物行为包括以下五个阶段：第一个阶段，A（关注）是指消费者通过社交媒体从品牌、企业或其他消费者那里获得信息，从而引起对商品和服务的关注。第二个阶段，I（兴趣）是指消费者在接触相关商品和服务信息的基础上，通过商品的高性价比、外观优良、设计新颖等产品内部线索，或通过产品外部线索如相关产品营销信息的娱乐性和内容兴趣,引起消费者的兴趣。第三个阶段,S(搜索)是指消费者在对产品或服务产生兴趣后,产生了更多了解产品的欲望。消费者会利用各种社交媒体进行重复和深度收集。第四个阶段,A(行动)是指消费者在获得充分信息后进行实质性购买的阶段。用户可以通过链接跳转到特定的购买页面进行购买,也可以在支持购买的社交媒体上直接购买。第五个阶段,S(分享)是指消费者在购买商品或服务后,在使用商品或服务的过程中,实际购物体验的分享。口碑信息会影响更多的潜在消费者和已购买消费者,使品牌的营销效果和品牌影响力在社交媒体中随着消费者人际关系的互动而传播,社交媒体在影响消费者购买行为的各个环节中都发挥着重要作用。

2.1.3 社交媒体购买过程中的关键身份

社交媒体为用户提供了更多的互动场合,从而也可以进一步促进社交媒体的发展。消费者非常关注其他消费者的消费模式。

2.1.3.1 参与性

参与性作为社交媒体的一种重要特征被众多研究者所认可,传播学中经常使用"受众"一词,暗含"被动的信息接收者"之意,而在社交媒体时代,"受众"转变成了"用户"。社交媒体将传播的主动权交付给用户,用户有权决定是否主动参与到平台的沟通,不再是被动地接收信息。参与性是指使用者在活动过程中精神和物质两方面的参与程度(邱蕾,2009;蔡雯,2011)。消费者参与是一个行为学概念,是指消费者利用自身的时间、精力或努力等资源在信息回馈和体力劳动中参与产品生产或服务提供的实质性行动,反映了消费者对产品或服务消费的参与程度。

2.1.3.2 互动性

张洪（2014）认为社交媒体的互动性是指社交媒体环境下消费者与媒体互动的程度。在 B2C 网络购物的背景下，研究发现消费者间的互动对社会临场感的产生有利（赵宏霞等，2015）。此外，Hoffman 等（1973）的研究发现，高交互性能吸引用户的注意力，给用户带来沉浸式体验。现有研究表明，增强社交媒体的互动性可以提高零售商的营销效果、消费者的好感度以及网络广告的渲染力。及时的回馈和控制是产生沉浸式体验的重要前提（Csikszentmihalyi，1975；Hoffma 和 Novak，1996），而互动性则让用户回馈更及时，控制能力更强。研究表明，活跃的帖子增加了点赞的比例，结果显示，互动程度低的帖子比互动程度高的帖子创造了更多的内容点赞。

2.1.3.3 娱乐性

娱乐性是社交网站通过技术设计或功能实现给用户带来的一种轻松愉快的情感体验（Karat 等，2002）。娱乐可以在一定程度上满足用户的娱乐、暂时逃离现实、享受美好、释放情绪的需求（王庆森，2008）。一方面，Gefen 和 Strab（2004）发现，生动有趣的信息呈现可以在一定程度上减轻消费者的信息处理负担，进一步提升消费者的社会存在感。社交媒体支持信息以语音和视频的形式呈现，带有更多社交提示，帮助消费者体验"与他人在一起"的感觉。另一方面，以娱乐为导向的网站已被证明更能让消费者身临其境（Novak 等，2000）。网站的娱乐性设计更有可能激发用户的兴趣和好奇心，用户专注购物过程，从而产生身临其境的体验（Hausman 和 Siekpe，2009）。

2.2 冲动消费

长期以来，西方学者将冲动性消费作为行为研究中的一个重要研究方向。19世纪50年代，杜邦机构就开始对冲动性消费进行了研究，激发了经济学、社会心理学、消费者行为学乃至信息系统领域的学者们的研究兴趣，一时间掀起冲动性消费的研究热潮。由于冲动性消费行为的产生会伴随着诸多繁杂的内心变化和情绪起伏，研究者们从各种角度对这类行为进行分析和探究，故学者们对于冲动性消费的定义意见并不统一。

2.2.1 冲动性消费的定义

早期的学者认为非计划购买就是冲动性消费。然而，有人将冲动性消费与一般的无计划购买进行了区分，认为冲动性消费是一个突发的、不可抗拒的享乐主义的购买过程，在没有仔细考虑商业产品相关信息的情况下，迅速做出计划外购买决策。虽然学术界对冲动消费的定义不一，但都一致认为冲动性消费具有四个特征：第一，无计划性，消费者进店前并没有购买商品的打算。第二，某些外部刺激产生的行为，如促销活动、产品本身等。第三，伴随着情绪反应，不同于理性购买行为。冲动性消费行为是感性战胜理性的结果。第四，是强烈而突然的冲动。消费者在外界刺激下激发购买欲望，没有仔细考虑可能的结果。

值得一提的是，根据消费者是否做出理性决策、是否有计划地购买、购物情境等因素将冲动性消费划分为四种类型。

纯粹型冲动性消费：这是最易区分的一种冲动购物。它是一种背离常规购买模式，消费者仅由于心理反应或情感冲动而"一时兴起"或"心血来潮"等因素而引起的冲动性消费行为。

提醒型冲动性消费：当消费者在一些场合看到一件产品或者相关信息并察觉它是必需的时候，而产生冲动性消费行为。

建议型冲动性消费：消费者原本没有购买某产品的需求，但在销售人员或朋友等的游说下，联想出自己使用该产品的画面，进而采取冲动性消费行为。

计划型冲动性消费：消费者由于特价或折扣等促销信息而产生情感变化之后，做出的购买决定。

Rook 和 Hoch（1985）剖析冲动性消费的整个过程，并详细分析了各个阶段。根据他们的研究结果，提出了冲动性消费的五个关键因素：①突然感受到一种自发的行动意愿。②心理处于不平衡状态。③经历过心理冲突和斗争。④认知评估能力有所下降。⑤不计后果的消费行为。因此，冲动性消费被定义为"冲动性消费往往发生在消费者产生一系列突然的，强大的且持续的购买冲动时"。购买冲动在享乐主义上是复杂的，可能会刺激情感冲突。此外，Beatty 和 Ferrell（1998）稍微扩展了这个定义，并认为"冲动性消费是一种突发的和立即的消费，先前并没消费计划。这种行为属冲动性消费，它往往是自发的，没有太多的反思"。

近年来，研究中广泛使用的概念源于 Fisher（1995），其冲动性消费的表述是：消费者无考虑的、临时的、自发的购买行为。Wood（1998）在后期的研究中认为，缺乏决断力是引发冲动性消费产生的关键因素，消费者对商品的占有欲超过了理性。虽然这类行为不是被迫发生的，但也违背了一个人最理性的判断。他把缺乏深入思考作为冲动性消费的必要条件，体现在消费者的显性行动上，就是当场立即购买。同时，他也指出，对于消费体验丰富的商品，消费者不需要经历反复的思考，就可以在很短时间内做出购买决策。岳海龙（2005）冲动性消费在时间和空间上是有限的，并强调冲动性消费是一个短期的、即兴的决定。同时，基于以往对冲动性消费的研究基础之上，本书认为冲动性消费是消费者在没有事先意图的情况下，置身于某种消费环境中受到某些刺激而产生的购买行为。这种行为往往是自发的，没有明显的反应。在这项研究中，社交媒体中的冲动性消费行为特别是在消费者购买了他并不打算提前购买的商品时，计划的突然改变是由用户使用社交媒体观看视频或直播时所受到的外部刺激而引起的，这种行为往往是在消费者没有充分反应的情况下进行的。

2.2.2 冲动性消费的本质

冲动性消费行为体现出情绪是一种可以引导行动的最简单和最普遍的生物学方式。在大多数学者看来，冲动购物似乎是一个消极的概念，经常与个人性格缺陷有关，如自制力低、自律性差、不成熟等特性。此外，冲动性消费曾经与信息处理中的注意力缺陷障碍有关。

部分研究人员对冲动购物持肯定态度。例如，Rook（1987）揭示了冲动消费的积极一面，即冲动性消费是"异常复杂的，可能会刺激情绪冲突"。他们认为，冲动购物是"冲动计划"的结果，这是一种购物策略，假设个人能够根据任务环境制定不同的购物策略。同样，Hausman（2000）承认冲动性消费是一种常见的产品选择方法，它往往会导致令人愉快的结果，如满意度和幸福感。我们可能会看到，基于冲动的决定可以减少应该花在任务上的认知努力，这种努力旨在增加购物的享乐感觉。因此，冲动购物可能是一种潜在的有效购物方式。一些研究人员对冲动消费持较为温和的观点。根据这种思路，一个冲动的购买决定是在小的实时满足和大的长期回报之间的权衡。换句话说，冲动行为是快乐追求目标和自我调节目标之间斗争的结果，前者在愉悦的消费环境下被启动，后者旨在抵制暂时的冲动。这种观点的基本假设是对这种诱人的刺激做出近似的反应会导致暂时的幸福感，但会导致过度消费，并可能导致购买后的后悔。与此同时，采取回避反应在经济上更为明智，但目前看来并不令人愉快。当面对购买冲动时，消费者会权衡这两个事实，然后决定是否立即购买。这一观点的一个重要思考表明，冲动性消费过程确实涉及某些认知评估。

还有一种观点认为，冲动性消费的公平与否取决于其程度。与一般的自我放纵行为（如饮酒）相似，低至中等程度的冲动性消费可能是追求享乐主义所鼓励的一种愉悦和有益的活动，但当消费达到高水平时可能是有害的。

2.2.3 冲动性消费的合理性

冲动性消费是消费者在突然有购买意愿后的一种直接行为。许多研究人员认为这种行为是不理性的，因为这种行为通常很少反映或考虑后果。在 Rook 和 Hoch（1985）关于冲动性消费的五个步骤的说明中，在第二个阶段，冲动导致个体感到失控，在第四个阶段，认知评价减少。这些线索反映了冲动性消费的非理性和非认知特征，正如一些研究人员所争论的那样。

然而，一些学者看到了这个问题的另一面。由于购买冲动和实际交易之间存在时间延迟，规范性评估可能会干预这一消费过程。正如 Fisher（1995）所建议的，当购买冲动发生时，消费者可能会经历关于是否完成购买的规范性评估。因此，简单地假设冲动性消费是不理性、不合适的。事实上，冲动性消费涉及一定水平的规范，这可能会也可能不会鼓励消费者进行冲动性消费。

冲动性消费的一个关键特征是决策过程中的减少反应时间。传统观点认为，深入思考会产生好的结果，而冲动购物往往会导致过度消费、浪费或者糟糕的购物表现。然而，冲动购物并不一定会产生糟糕的结果。Dijksterhuis 等（2006）提出并实验性地证实了"没有注意力的深思熟虑"假说。根据这个提议，当人们做出简单的选择时，需要有意识地深思熟虑才能产生更好的结果。然而，复杂的选择可以通过无意识的思考得到更好的处理。因此，冲动性消费的本质取决于消费所处的环境。由于个人只能腾出有限的精力来做出选择，冲动决定在某些情况下可能是合理的，因为它需要更少的努力，付出不多的时间成本和机会成本。

2.2.4 在线环境下的冲动性消费

社交媒体的出现为消费者在线购物创造了一个不同的机会。

第一，在线购物系统为用户提供了更多不同产品的可访问性，并提高了他们进行交易的便利性。由于冲动性消费行为通常严重依赖于购买的便利性，社交媒体的出现将提高冲动性消费的可能性。第二，网上购物涉及简单和有趣的浏览机会，打开新颖的可能性，立即满足等情绪状态，并提供了一个享乐购物的经验。正如越来越多的研究显示，在线环境下的冲动购物已经成为一种新兴现象，并且已经成为不同学科研究人员关注的焦点。

消费者在互联网上的冲动性消费行为表现出与线下购买行为不同的特征。在虚拟购物环境中，网上冲动行为需要情境化的检验。因此，网上冲动购物的前因和过程应该根据其特殊情况来解释。迄今为止，很多研究都是在这方面进行的，其中很大一部分研究在理论上是建立在环境心理学的基础上的"刺激—有机体"反应（SOR）框架。这一系列研究突出了环境线索的重要性，这些线索导致消费者的内部经验，进一步诱导冲动消费。在网上购物的背景下，环境通常体现为网站的功能和提供。例如，在 Parboteeah 等（2009）的研究中，网站特征包括任务相关的线索和情绪相关的线索，被认为可以唤起消费者的内在感受和认知，从而产生购买意愿。同样，Floh 和 Madlberger（2013）将 SOR 模型应用于在线冲动性消费环境中，分析嵌入在社交媒体平台中的虚拟氛围线索（内容线索、设计线索和导航线索）的影响。

2.2.5 冲动性消费的前因变量

通过对冲动性消费行为的文献梳理和总结，发现消费者冲动消费行为受到内因和外因的双重影响。外生变量包括外在吸引力、社会吸引力，内生变量主要是指消费者的态度同质性。

2.2.5.1 外在吸引力

在社会心理学文献中，外在吸引力用来形容一个人的外貌特征和审美如何吸引人或令人愉快（Sokolova 和 Kefi，2020）。学者 Rubin 和 Mchugh（1987）研究表明，吸引力能够提升消费者与社交媒体人物之间的准社会互动。Lee 和 Watkins（2016）认为外在吸引力对准社会互动具有积极的影响，然而 Sokolova 和 Kefi（2020）发现外在吸引力对准社会互动具有消极的影响，后者认为外在吸引力是否具有显著的影响取决于社交媒体博主的定位与消费者的个人审美。与时尚美容产品传统的代言人（明星或模特）相比，消费者并不期望社交媒体博主与他们相似，也不期望他们的外貌存在吸引力（Skandrani 等，2020）。

2.2.5.2 社会吸引力

社会吸引力是指博主言行举止的受欢迎程度，可被定义为与媒体人物成为朋友或成为社交或工作伙伴的可能性，类似于喜欢、亲近与崇拜的情感（沈琪，2020）。当视频博主的言行举止（如乐于助人等）获得消费者积极的肯定与评价时，或当消费者认为社交媒体视频博主具有其期望的质量或与自己相似之处时，他们会认为该视频博主更具有吸引力（袁登华和高丽丹，2020）。无论是传统媒体还是新媒体/社交媒体，社会吸引力和外在吸引力皆被认为是影响准社会互动的相关因素（Rubin 和 Mchugh，1987；Kurtin 等，2018）。

2.2.5.3 态度同质性

态度同质性即相似性，可被定义为产生互动的个体之间在信仰、性格、受教育程度、社会地位和喜好等方面的相似程度（Eyal 和 Rubin，2003）。多位学者研究表明，态度同质性是准社会互动 PSI 的先决条件之一，与准社会互动 PSI 显著相关（Turner 和 John，1993；Frederick 等，2012）。Lee 和 Watkins（2016）探究了视频博主如何影响准社会互动，强调了态度同质性对准社会互动具有积极的影响。消费者与社交媒体视频博主之间的相似性增加了两者准社会互动的可能性与频率，如果消费者认为社交媒体视频博主与自己的价值观相似，互动将会继续。

2.2.6 社交媒体中的冲动性消费

社交媒体是提供给互联网用户生成网络内容的网络应用程序（Kaplan 和 Haenlein，2010）。用户可以通过这些应用程序进行在线交互和通信。互联网技术的进步为社交媒体创造了理想的数字环境，在这一背景下，在线零售平台、产品官方网页、各社交媒体平台相互串联，消费者的购物方式和在线环境都发生了改变。一个重要的变化是消费者面临的信息环境（Wang 和 Ping，2012）。他们的看法、偏好和决定不仅受到网站上提供的信息的影响，还受到同行产生的内容的影响（Grange 和 Benbasat，2010；Zhao 和 Benyoucef，2013）。

关于社交媒体增加冲动性消费可能性存在一个问题。社交媒体中的消费者比传统的购物者更加独立，因为他们缺乏像伴侣和服务员这样的社会环境。因此，研究人员认为，没有销售人员的压力，消费者可以节省额外的费用（Madhavaram 和 Laverie，2004）。社交媒体中的各类博主的存在可以给在线零售平台带来一定的压力和鼓励，而这在传统的在线购物（如淘宝）中通常是不存在的，这可能会导致更多的冲动性消费。

在社交媒体中，用户之间的关系在购买前的信息寻找和购买后的知识共享中被广泛地利用。由于频繁的互动，消费者对彼此的购物决定和行为施加了巨大的影响。同龄人的影响可以创造和改变消费者的购物需求，并存在诱导冲动消费的潜力。一些研究人员认为，社交购物者是情绪化的、冲动的、享乐主义的，并且倾向于通过社交购物获得乐趣（Wang 和 Ping，2012）。因此，社交媒体中的冲动性消费是一个新颖而有前瞻性的研究课题。然而，到目前为止，围绕这个问题的研究还很缺乏，针对这一差距，本书将聚焦于解决此问题作为研究目的。

第3章

理论背景

3.1 准社会互动理论的相关研究

3.1.1 准社会互动的定义及特征

准社会互动（Para-social Interaction，PSI）又被称为准社会交往，最初的概念是由 Horton 和 Wohl（1956）提出的，其定义为媒体人物与受众之间的单向互动关系，非真实情景下的双向接触的类似人际关系的互动。用来描述消费者与媒体人物的虚拟互动体验关系，仿佛消费者与媒体人物同时存在于真实的社会关系（Labrecque，2014）。准社会互动关系中有类似友谊的一种亲密特征关系，可以通过多频次的虚拟互动接触来促进友谊的增长，观众反复地与媒体人物交流，导致消费者对媒体人物产生浓厚的亲密感，感知到相互之间不断深厚的友谊关系（Horton 和 Wohl，1956；Hetsroni 和 Tukachinsky，2010）。准社会互动关系是受众把与媒体人物亲密的幻觉作为"真实"人际关系。这种关系是自我建立的，同时很难意识到这种关系会对其产生影响（Kelman，1958；Dibble 等，2016）。

此外，学者们大多以 Horton 和 Wohl（1956）为基础，对准社会互动进行研究。Rubin 等（1985）认为，处于受众对人际关系的需求，他们希望与媒体对象建立准社会互动关系，把虚拟关系的对象当作朋友，想象自己可以获得与虚拟对象成为好友且能收到对方的指导和交流机会。Stever（2017）指出，准社会互动理论非常适合解释现实中离我们很远，对我们的交流或兴趣没有反应的人，它不同于真实情境下的人际关系，是一种存在于人们想象中的虚拟社会关系和互动行为。方建移（2009）认为，准社会互动是媒体人物与用户通过社交媒体工具建立的人际关系，媒体人物与受众在现实生活中没有实际接触。包敦安和董大海（2010）认为，准社会互动是媒体人物借助互联网或传统媒介与受众产生的非面对面的单向互动，即受众与媒体人物之间以社交媒体为纽带的关系，包括态度互动、认知互动和行为互动。通过对准社会互动定义的文献进行梳理，我们可以看到，准社会互动具有以下三个特点：第一，媒体人物与受众之间没有真实的互动体验，媒体人物对受众的一切一无所知，受众相对了解媒体人物。那么受众在这种虚拟关系中显得相对被动，媒体人物则占据主导地位；第二，随着技术的迭代，过去的媒介主要是传统电话、广播电台和有线电视等，如今更多的是互联网平台及社交媒体建立了准社会互动关系；第三，虽然准社会互动关系是单边的，存在于虚拟的接触场景之中，但两者之间的情感链接不弱于真实场景下的人际互动。本书将准社会互动定义为：通过媒体工具（如电视、广播和互联网媒体等）与受众建立的虚拟人际关系。旨在让观众借助媒体工具与媒体明星、网络名人、视频博主等进行非面对面、单向的互动。

3.1.2 准社会互动的理论解释

自准社会互动理论提出以来，学者们围绕着媒体人物与受众之间产生准社会互动的原因展开了一系列的研究。20世纪70年代，研究人员不是把准社会互动关系作为一种特定的社会互动关系来进行研究，而是把准社会互动关系作为观众希望从与媒体人物的互动中得到的社会参与满足感的视角来进行研究（Babrow和Austin，1987），学者们对受众准社会互动的动机和功能的理解存在较大的分歧。一方面，现实生活中缺乏人际交往能力的群体，他们往往会为了弥补现实生活中人际交往的不足，而选择与媒体人物进行准社会互动。另一方面，准社会互动要求受众具有接收、思考、分析互联网媒体发布的内容的能力，它与现实生活中人际交往规则一般无二。第一种解释得出结论：准社会互动是对现实生活中人际交往缺失的补偿；第二种解释得出结论：准社会互动是社会人满足心理需求的普遍动因。

Rubin 等（1985）认为，准社会交往指的是"个体借助媒介来满足自己建立人际关系的需要"。社交媒体是受众与媒体人物建立的更持久的准社会互动社会关系的情感纽带平台，这对准社会互动的解释产生了"通用论"和"缺陷论"两种研究范式。"通用论"认为，不论人们对于自身在现实生活中的人际交往状况是否满意，都不影响他们借助社交媒体与媒体人物进行准社会互动的客观需求，且准社会互动存在的目的具有普遍性，并不是弥补缺失的人际交往关系，而是进一步延展了人际关系的边界。"缺陷论"认为，受制于环境和心理的变化，个体之间的真实交往环境发展了变化，通过准社会互动来弥补缺失的人际交往机会，该理论认为虚空间的准社会互动人际交往对面的真实人际交往具有替代作用。前人学者对准社会互动的研究更倾向于"缺陷论"，认为在有限的环境下，会让真实的人际交往关系被剥夺，这时人们便会在互联网媒体中与媒体人物进行准社会互动，从而建立替代性的人际关系网络。Perse 和 Rubin（1990）研究发现，孤独的个体观看媒体消息的目的是打发时间，而不是娱乐自己。观众参与准社会互动，是为了获得媒体人物或角色的个人信息，模仿真实的人际关系（Stern 等，2007）。

20 世纪 80 年代后期，学者们开始关注"通用论"，认为受众在社交媒体中与视频博主保持准社交互动不是一种情感上的补偿，而是一种连接过程。准社会互动是指受众和媒体人物之间的关系是普通个体的情感需求（方建移，2009）。Perse 和 Rubin（1989）发现，在现实生活人际交往中认知复杂性较高的个体，在准社会交往中往往表现出较高的认知复杂性，只有通过看电视才能获得一些特殊的信息资源。Cohen 和 Tyler（2016）以微博的帖子为例，证明了社交媒体人物发布的帖子可以增加受众的感知真实性，拉近媒体人物与受众之间的距离。

粉丝可以在媒体人物的微博写下相关评论，或者直接给媒体人物发送信息，造成自己与媒体人物直接沟通的错觉，这种方式减少了媒体人物与受众之间的距离感。准社会互动还会提高观众对亲密度的感知，从而弱化关系中的不确定性，增强观众的忠诚度。准社会互动关系中，观众与具有亲密谈话风格的媒体人物频繁接触，会使得消费者感受到自己与媒体人物具有高度的亲密关系，增强了受众的忠诚度，在观看视频博客的过程中，受众会采纳这位博主的意见，并在通过多次在线互动中强化这种关系，而随着受众与视频博主之间"关系"的不断发展，受众会开始将博主视为值得信赖的信息来源，寻求他们的建议，从而影响受众的行为（Rubin 等，1985）。

3.1.3 准社会互动与人际互动

在对准社会互动的早期研究中，学者们的主流观点是缺陷论，随着研究的发展，更多的学者开始接受通用论，准社会互动被认为是拓宽了人际交往的边界，而不是对人际关系互动不足的弥补。准社会互动被描述为类似于真实人际交往的关系，观众会以与真实朋友交往的方式了解媒体人物，自愿地与媒体人物互动，以此加强两者之间的关系（Perse 和 Rubin，1989），准社会互动与人际关系互动的共同点主要有以下几个方面：第一，两者都认为或感知到双方关系的重要性；第二，彼此之间存在充分的吸引力；第三，两者感知对方关系维持的时间与对方不确定性存在负相关；第四，对方关系的维持时间与准确预测对方行为存在正相关。

尽管准社会互动与现实生活中的人际关系互动存在相似性，但它们之间仍有以下几个不同之处。第一，不同于双向的人际关系互动，准社会互动一般是单向的。在这一过程中媒体人占主导地位，他们通过文字、图片及视频的方式单方面传递给受众信息内容，而受众只能被动接收。人际互动通常是在交往过程中双方面交互信息，这是一种互相了解有限媒体人的信息交换活动。第二，相对于存在回馈机制的人际互动，在准社会互动中，媒体人物很难获取受众的反馈，这是由于受众与媒体人物基本不存在真实交往。第三，在准社会互动情境下，媒体人物的信息往往更容易被其受众较为全面的了解，而在人际交往互动中，了解他人的信息相对更为困难。

3.1.4 准社会互动前因变量研究

通过对国内外学者关于准社会互动的相关研究进行梳理总结，发现受众与媒体人的准社会互动主要受三个维度的因素影响，它们分别是社交媒体人物属性、社交媒体内容属性以及受众属性。

3.1.4.1 社交媒体人物属性

媒体人物的吸引力可以进一步被细分为个人的外貌（外在吸引力）、个性（社会吸引力）和完成任务（任务吸引力）三个维度（Schramm 和 Hartmann，2008）。外在吸引力是指媒体人物在外貌、身材、穿着等方面对受众的吸引力；社会吸引力是指受众希望与媒体人物建立人际关系的程度；任务吸引力是指受众认为媒体个性能够帮助他们完成某些任务的程度。研究发现可能存在几个因素共同影响吸引力的感知度，例如当个人拥有良好的外在特质（如良好的礼貌）、表现出积极的社交行为（如乐于助人）、具有与他人相似或者想拥有的特质（如智力）时，他们会被视为更具吸引力（Hoffner 和 Cantor，1991）。有研究者发现，社会吸引力是观众自愿与媒体人物建立关系的一个影响因素。在社交媒体的背景下，明星代言人的外在吸引力和社会吸引力对代言效果有积极的影响（Frederick 等，2012）。人际交往的研究表明，人们更偏向于跟自己生活方式和价值观一致的人进行交往，相似性可以帮助双方找到感兴趣的话题，从而产生深入的沟通。Rogers 和 Bhowmik（1970）将相似性定义为：有互动行为的两个人在个性、品行、人生观、社会地位以及爱好等方面相似的程度。当观众认为某位媒体人物的人格与他们的个性相似或者符合他们的社交网络圈时，准社会互动发生可能性越大，准社会互动是以类似人际交往的方式发展的，其拓展了人际关系的边界，准社会互动关系与人际关系有着相同的特征，被认为它是真实社会行为的延伸，而不是替代品。因此，在人际交往过程中，网络名人或博客对受众的影响因素被认为是影响准社会互动的因素（Rubin 和 Mchugh，1987；Cohen，2009）。Mccroskey 和 Teven（1999）的研究指出，网络信息来源的可信度、专业信息和友情建议等特征是影响社会吸引力的重要因素，这被认为是值得信赖的，具有吸引力的消息来源可以影响观众的态度和行为，包括购买意向。研究表明，在人际互动中信息来源的可信度会影响信息源和受众之间的互动，这被认为是值得信赖的，具有吸引力的消息来源可以影响观众的态度和行为，包括购买意向。研究表明，在人际互动中，信息源的可信度会影响信息源与受众之间的互动频率，信息的可信度也会影响受众在社交媒体上选择浏览或者忽略的内容（Kruglanski 等，2005；Johnson 等，2007）。可信度可以被定义为信息来源的可信度和可靠性，主要的影响因素包括专业知识和经验，还有信息来源的可依赖性和善意与否，研究发现，可信度与广告的价值相关，同种行业的广告，社会媒体广告会比传统媒体广告更具有可信度，在线社交中信息来源的可信度和沟通的有效性联系密切（Rogers 和 Bhowmik，1970；Labrecque，2014）。

根据 Perse 和 Rubin（1989）的研究，观众与媒体人物的每次相遇都会产生一定程度的准社会互动关系，因此受众会认为经常在媒体中出现的人物与其拥有更高的准社会互动，与真实的人际关系相似，随着时间的推移，观众感知到与媒体人物个性的相似之处，他们就越有可能频繁地与这个人互动。通过这些与他人的互动，你可以确认他们自己的信念，减少了对媒体人物的不确定性，准社会互动关系得到发展（Eyal 和 Rubin，2003）。

综上所述，在线任务的外在吸引力、同质性、可信度和视频更新频率等属性将影响受众与他们之间的准社会互动。由于受众与媒体人物多次的交流，建立了准社会关系，与不熟悉的名人不同，听众建立联系的名人在说服力方面表现得更强（Sukhdial，2002）。

3.1.4.2 社交媒体内容属性

Horton 和 Wohl（1956）研究发现，观众会对电视节目中的人物产生单方面的亲密感，电视节目内容的不同，观众感知自己与媒体人物之间的亲密程度也有所不同。因此，社交媒体上的媒体人物发布的内容信息会对它与受众之间的准社会互动的产生造成一定的影响。

同时，内容的相关性会对媒体人物与受众之间的准社会互动的关系造成影响。Biel 和 Bridgwater（1990）研究发现，当观众发现商业信息与自己的需求有关系时，会大大地增加观众的好奇心，即更乐意参与其中。因此,当社交媒体上的媒体人物发布更多与观众需求有关的内容时,观众参与准社会互动的概率也就越大(Rubin等,1985)在最早的关于本地新闻观看的研究中发现,新闻内容的现实感正向影响受众与新闻媒体人物的准社会互动关系。因此,研究发现,电视新闻和偶像剧的观看频率与内容的真实性呈正相关关系,即新闻节目和偶像剧的内容越真实,观众的观看频率越高,从而进一步强化了准社会互动与媒体人物的关系。研究发现电视新闻内容和偶像剧剧情与现实越贴近,受众观看节目的频率增加,准社交性增强。综上所述,社交媒体内容的真实性和相关性是受众与媒体人物之间准社交互动的重要影响因素。

3.1.4.3 受众属性

大多数关于受众属性的研究侧重于受众参与准社会互动的动机和能力。霍夫曼认为,共情是人类关心他人的火花,共情使人们产生了更多的社会互动,共情就是一种置身于他人情感理解的情绪反应,这是共情研究一个非常重要的部分。关于共情的研究,缺陷论的学者们认为,人们为了弥补缺乏正常的人际关系,进入了准社会关系,因此,受众的共情特征成为了一个重要的影响因素。现实生活中的人际关系是正常的,没有必要与媒体人物相互关系来弥补缺乏真正的社会关系。通用范式理论的学者们也研究过共情与准社会互动的关系,但研究假设是相反的。Horton 和 Whol(1956)指出,共情是观众观看网络视频和电视节目所需要的个人特质。只有换位思考,站在别人的角度想问题,才能成功沟通。因此,共情和准社会互动之间属于正相关关系。

心理学家 JohnBowlby 在其关于母婴关系的研究中引入了依恋这一心理学概念。Simpson 等(1992)指出,夫妻在焦虑情况下寻找和提供帮助时，不同的依恋风格会让人们产生大不相同的需求帮助的方式。Cole 和 Leets（1999）发现，在准社会互动领域中受众参与程度决定了准社会互动的强度具有一定的预测作用。

Greenwood 和 Long（2009）研究发现，归属需要是一种发展和维持有价值的社会联系的需要，归属需要与准社会互动存在密切联系，归属需要是指一种个体的本能，有追随群体或融入团队的心理需要。这种与他人建立和维持积极情感关系的动机称为亲和动机或亲密动机。一般来说，有强烈归属感需求的人会增加使用社交媒体的次数，以获得满足感。Gardner 等（2005）指出，个体的归属感需求程度与他们在社交媒体中的准社交互动以及与媒体人物之间的准社交互动呈正相关。

部分学者研究了准社会互动的作用和动机，Rubin 等（1985）发现，观看电视新闻的观众与媒体个性进行准社会互动以获取信息，即准社会互动与信息收集的工具性方式有关。有研究者将观众的电视观看模式分为"工具性"和"仪式性"两类进行研究。由于仪式性媒体使用的主要动机是交友动机和社会互动，研究表明，准社会互动与电视节目的仪式性观看模式存在关系。

此外，Nordlund 和 J.-E（1978）研究了人口变量对准社会互动的影响，发现准社会互动的强度受到性别、年龄和教育程度的影响。一般而言，观众的个性特征，如同情心、归属感、观众观看电视节目的动机和人口变量，都是影响观众与媒体之间社会关系的因素。

综上所述，共情性、依恋风格、归属需要等受众的人格特质，人口统计变量等都影响媒体人物与受众之间的准社会互动。

3.1.5 准社会互动结果变量研究

通过对大量国内外学术文献的研读和归纳，准社会互动对受众的影响研究主要包括以下三个方面：

3.1.5.1 媒体依赖

准社会互动在电视节目主持人与观众之间的准社会互动关系，增加观众参与度（Rubin 等，1985），导致观众试图通过增加观看和购买行为来确认他们与媒体人物的关系，提升了观众观看节目的频率。观众与媒体人物的每一次信息交流都是一次准社会的互动，每一次的互动都会加深彼此之间的聊天，发展成一种亲密的友谊关系。虽然这种友谊是单方面的，但受众为了能够进一步加强与媒体人物之间的准社会互动强度，会不自觉地增加观看媒体人物的频率，甚至会把观看媒体人物当作个人日常生活的一部分。通过对电台听众和主持人之间准社会互动的研究，发现听众和主持人之间的准社会互动频率与听众对电台的依赖程度呈正相关，即准社会互动越强，听众对电台的依赖程度越高。扎根理论被用于研究在线社交媒体小区。通过网络小区，受众容易受到媒介人物的影响，从而产生认知、情感和行为的变化（Rubin 和 Mchugh，1987；Yuksel 和 Labrecque，2016）。有研究证明准社会互动（PSI）对"忠诚度"具有积极影响（Hartmann 和 Goldhoorn，2011）。

媒体人物与观众的准社会互动关系，强化了观众认为与媒体人物"相互认识"的感觉，增加观众对媒体人物的关注度（Tsiotsou，2015）。

3.1.5.2 购买行为倾向

在传统媒体时期，有学者就开始围绕电视购物行为展开研究，发现了观众在观看电视节目的过程中与媒体人物之间形成准社会互动关系之后，会大大地提高观众的购买欲望。

现如今在社交媒体时期，学者们通过实证分析，探讨准社会互动与受众的购买行为之间存在的某种关系。即准社会关系越强，受众原本对此类信息的抗拒就会越弱。这是用户的准社会互动对品牌认知的影响和对购买意愿的影响。Hwang和Zhang（2018）通过实证研究发现，准社会互动与购买意愿呈正相关，在社交化的网络平台中，浏览者和发帖者之间的准社会互动会影响浏览者的冲动购买行为，在市场推广方面，消费者与名人的准社会互动关系，对消费者的购物体验及满意度有促进作用（Hartmann和Goldhoorn，2011）。

3.1.5.3 品牌关系

随着社交媒体的浪潮席卷而来，学者们着眼于准社会互动对于品牌关系的影响力展开研究。其中企业主及品牌方一直致力于选择拥有大量忠实粉丝基础的媒体人物来进行合作，借助媒体人物与消费者之间的准社会关系可以有效提高粉丝的购买欲望（Liu等，2019）。视频博主与受众之间建立的良好的准社会关系会对品牌评估有一定的积极影响。Klimmt等（2006）传统的大众媒体的研究发现，代言人与受众的准社会互动关系中，信息来源的可信度、代言人吸引力以及名人与产品的一致性对受众对品牌的购买意向有积极的影响。Liu等（2019）研究发现，由于受众可能会与品牌代言人进行准社会互动，两者互动的信息保留在受众的记忆中，影响受众对现有的品牌的评估。Labrecque（2014）的研究结果显示：准社会互动提高了受众对品牌忠诚度和分享个人信息的意愿。Xiang等（2016）在社交电商平台上发现，时尚买手的同质化、专业性和受欢迎程度都对准社会关系有显著的积极影响，不仅如此，这种影响对时尚买手所推荐的产品和品牌产生持续影响。

3.1.6 准社会互动理论文献评述

综上所述，本节回顾了准社会互动理论的相关研究，指出许多学者对社会互动理论的研究越发重视。文献综述发现，国内外学者对前因变量的研究一般围绕媒体人物属性、媒体内容属性和受众属性三个维度展开，对结果变量的研究主要集中在媒介依赖、购买倾向和品牌之间的相关性。

随着互联网的迅猛发展，媒体变得更为丰富，学者们不断拓宽准社会互动的研究边界，理解的视角更为多元，不再局限于传统媒体中观众与媒体人物的关系（沙振权和周丹婷，2013；Gong 和 Li，2017；Chung 和 Cho，2017）。社交媒体具有双向沟通的能力，受众与媒体人物两者之间的关系也更为平衡（Stever 和 Lawson，2013），用户可以借助社交媒体平台，直接与媒体人物交流沟通，以促进亲密关系。沙振权和周丹婷（2013）表示，微博上的企业家账号和粉丝之间也存在准社会互动，尽管企业家或名人可通过账号与粉丝进行互动回复，但与真实场景下的人际交往不同，双方无法进行有效的交流并获得及时的反馈，互动的概率很小。在虚拟场景下，网络名人与粉丝之间的关系并非真实存在，粉丝无法了解媒体人物的真实面貌，网络名人也不认识粉丝（Gong 和 Li，2017）。尽管在社交平台上，媒体用户可以看见并评论媒体人物的生活，但由于准社会互动具有单向信息的特点，因此受众接收到的信息大多是不全面的。本书认为，传统电视节目中的主持人和观众之间的关系与社交媒体中视频博主和受众之间的关系本质上是一致的，都是准社会关系。

通常社交媒体上的视频博主会有众多追随者，如同电视节目主持人无法收集每个观众的反馈和感受一样，视频博主也不会了解每位粉丝的想法和情绪。且粉丝观看社交媒体的内容视频时就像观众收看电视节目，粉丝能够通过一系列的博客内容对视频博主非常了解，但博主可能对粉丝一无所知，这就是典型的单边关系。在传统媒体环境下，观众会通过电视节目对某一产品感兴趣，从而产生购买意愿，同样在社交媒体平台，传统媒体环境下，观众会通过电视节目对某一产品感兴趣，从而产生购买意愿，同样在社交媒体平台，视频博客内容输出中包含的产品也可以鼓励观众购买非计划的产品，准社会互动理论能够很好地解释观众和视频博主之间的关系。Stever 和 Lawson（2013）认为，准社会互动理论是研究博客作者和粉丝之间单向人际关系的理论框架，因此也适合解释视频博客作者对消费者粉丝行为的影响。社交媒体中的视频博主通过视频日志的方式带入了生动且真实的内容，增加了受众与博主之间的亲密感。因此，本书基于准社会互动理论，探讨视频博客对消费者粉丝购买意愿的影响是非常合适的。

3.2 心流理论相关研究

3.2.1 心流体验的定义

关于心流体验的定义，学术界存在两种研究视角。Csikszentmihalyi（1975）首次提出了"心流体验"理论，认为心流体验是一种可被描述的心理状态，具体表现为：感知愉悦、持续专注和丧失自我意识。Hoffman 和 Novak（1996）将心流体验看作一个心理过程，其产生存在前因、发展及结果。

3.2.1.1 描述性定义

心流体验的定义归纳如表 3-1 所示。

表 3-1　心流体验的定义归纳

作者	定义
Csikszentmihalyi（1975）	个体在从事某项活动时全神贯注专注力高度集中，自我意识缺乏，忘却时间的愉悦感受
Privette（1983）	具有身心合一的高愉悦度体验感，内心忘却时间存在的一种心理感受
Webster（1992）	在网络环境下，心理体验对用户的心理感受：①与计算机交互的控制感；②专注的注意力；③交互中产生的好奇感；④兴趣
Ghani 和 Deshpande（1994）	个体达到心流体验时：①完全沉浸在该项活动中；②感到愉悦

3.2.1.2　过程性定义

Hoffman 和 Nova（1996）认为，心流体验的形成是一个连续的动态过程，它包括产生的前因、过程及结果三个阶段。前因阶段个体产生明确的目标并获得反馈；过程阶段产生知觉和行为以及对事物发展的控制感；结果阶段产生身心投入和忘却时间流逝的感受，对时间感知的衰退获得个人体验感，进入一种注意力集中，身心愉悦的享受过程。

3.2.1.3　本书对心流体验的定义

本书认为心流体验是消费者从社交媒体中获得愉悦、专注和感知控制的一种综合主观状态。社交媒体平台网络购物消费场景中，认为心流体验的状态表现为：心流体验的研究重点由个体感知转移到在线消费者网络购物过程中的心理满足感，当消费者处于心流体验状态时，他们完全沉浸专注于交互，内心充满愉悦并且感觉时间过得很快。已有学者研究证明，在消费者与社交媒体平台或其他用户交互的过程中，社交互动对心流体验具有影响，尤其是当消费者长时间处于交互状态时，就会产生在线心流体验。消费者处于心流体验时，会在没有受到外部干扰的情况下，专注其中并从内心感知到愉悦，这是消费者继续使用社交媒体平台并冲动购买的关键因素。

3.2.1.4 心流体验的相关研究模型

（1）三通道模型。

Csikszentmihalyi（1975）提出了心流体验通道分割模型，认为人们的心理状态可分为三种：挫败感、心流体验、乏味感。当从事的任务的难度高于个人技能时，会产生乏味感，反之产生挫败感。当任务难易度与个人技能匹配时，人们才会产生身心合一的"心流体验"。

（2）四通道模型。

Massimini 和 Carli（1988）在三通道模型的基础上提出了四通道模型。从挑战与技巧的研究视角，提出的四通道模型对心流体验的产生条件提出了更高的要求，认为心流体验一般取决于挑战与技能的平衡点，如设定的任务低于参与者的技能水平，人们会选择忽视的状态。人们会表现出漠不关心的状态。四通道模型从任务与技能的平衡角度的视角进一步优化了三通道模型，完善了心流体验的细分影响因素。

（3）八通道模型。

随着研究的深入，学者们在四通道模型的基础上提出了八通道模型，基本观点认为高阶的挑战和技能达到平衡点是产生心流体验的前提，不同的是，八通道模型进一步细分了消费者的心理状况，引入了觉悟、忧郁、控制和放松，进一步细分和完善了心流体验的研究模型。

3.2.2 心流体验的维度及测量

长期以来，学术界对心流体验的分类有不同的维度，对单维度和多维的分类方法也有不同的看法。目前主要有三种：第一种是一维测量；第二种是多维测量方法；第三种是推导出的一维测量方法。学者们大多采用一维测量方法。经过深入研究，一些研究者开始在实证研究中采用多维测量，因为他们认为一维测量是单调的，其效果会受到影响。多维测量有两个主要维度（包括愉悦和专注）(Ghani 等,1991;Ghani 和 Deshpande,1994）和四个维度（包括愉悦、专注、控制和好奇心）。衍生出的单维测量是心流体验对大局的感知，所以称为单维概念，但在选题项时给出多种选项（自我意识的丧失、时间的流逝、愉悦度等）。本书认为在使用社交媒体时，消费者出现心流体验现象是在主观上机体对心理的大体感受，故界定为单维度概念。与此同时，为了显示有效性，本书采取了第三种衍生的单维度测量方法，该题项包含愉悦度、自我意识的丧失、时间的流逝、专注等。

3.2.3 心流体验的影响因素

通过文献梳理，本书主要从以下两方面研究心流体验的影响因素：

3.2.3.1 消费者角度

部分学者对心流体验与消费者冲动购买行为之间的关系进行研究，显示准社会互动、购买欲等都会对心流体验产生不同的影响。消费者感受到的准社会互动越多，体验感就会越强，社交媒体的使用时间也就越长，那么专注度也就越高，随之进入心流状态。同样，每个消费者都有特定的体验、能力和偏好，因此个人的能力水平将影响内容检索的整体性能。消费者的技能水平也被视为是影响其"心流体验"生成的重要因素之一，技能主要由用户自己的感知来衡量，而不是通过标准化定义来衡量。

3.2.3.2 网站特征视角

消费者的网上购物需要通过在线平台来完成，在线平台是消费者在购买过程中的心流体验的基础。网站特征也是消费者心流体验形成的影响因素之一。在心流体验的影响因素中，网站响应速度和内容新颖性起到了积极的作用。购物过程中的实用性和便利性可以增强消费者的购买体验，并进一步促进心流体验的产生。此外，学者们提出吸引力、娱乐性等特性都会引发消费者的心流体验。网站的实用性、娱乐性和响应速度等这些网站特征都会影响消费者心流体验的产生。在使用社交媒体时在线氛围线索越好，消费者越能够产生内心愉悦感。同时，网站的娱乐属性越强、响应速度越快、内容越有吸引力，消费者产生愉悦感的可能性就越大。一旦消费者处于兴奋状态，时间就会流逝得很快，进而产生心流体验的可能性也就越高，消费者增加购买行为的可能性也就越大。

3.2.4 心流体验与消费者冲动购买的相关研究

诸多研究证实心流体验与冲动购买呈正向相关。在外部环境的强烈刺激下，能够激发消费者心物时，会受到外界的刺激，当产生心流体验时，消费者会感到快乐和专注，心流体验的产生会触发消费者的冲动购买行为。虽然在心流状态下，消费者会有内心的幸福感和专注感，但每个消费者在特定的环境中都会有不同的心流体验，因此购买行为也会有所不同。Senecal 和 Nantel（2002）发现，心流体验越强烈，越易刺激消费者的重复购买和冲动购买。当消费者沉浸网上购物，会感觉时间过得很快，更容易搜索和点击链接来刺激冲动购买意愿。心流体验越强烈，消费者进行的无计划购买越多，他们重复购买的可能性越大。心流体验也受到在线环境氛围的影响。张启尧等（2021）通过统计分析和假设检验，发现互动性、娱乐性和可信度对直播情景购物中的冲动购买意愿有正向影响。综上所述，本书选取心流体验作为中介变量，研究在使用社交媒体时出现心流体验与消费者的冲动购买之间的关系。

3.3 消费者购买意愿相关研究

3.3.1 消费者购买意愿的定义

"意愿"这个词虽然源于心理学，但如今被多学科广泛运用。其中市场营销领域在引入意愿这一词后，它成为衡量消费者行为的重要指标。Fishbein 和 Ajzen（1975）对意愿的定义是，个人采取某项行为或购买某种产品的主观概率或可能性。Dodds 等（1991）认为，消费者购买意愿由消费者内在对某产品的态度和外在因素所构成，其具有一定的主观性。Webster（1991）也发现，消费者的态度是影响消费者购买产品的重要因素之一。Ajzen 和 Driver（1991）认为，意愿是购买行为发生的必经之路，是行为显现前的态度。从这个意义上来说，他认为这种态度对购买行为有一定的干预作用，对决定消费者是否购买产生重要作用。国内学者冯建英等（2006）发现，消费者的购买行为前已产生购买意愿。因此，企业预判购买意愿可以更有效评估消费者购买力。如果企业能预先抑制消费者情绪，采取有针对性的措施，促使消费者做出购买决定，消费者就可以很容易地购买我们的产品。Bagozzi 和 Burnkrant（1978）认为，购买意愿是消费者对于获得某一产品或者服务的偏向，购买意愿是消费者购买某种产品的概率，购买意愿是消费者在某种环境的刺激下，购买特定产品或服务产生的（Mullet，1992），消费者通过浏览网页，获得商品或服务的有关信息（江若尘等，2013）。

本书将购买意向分为正向和负向两个维度,认为购买意向可以决定消费者是否做出购买行为。当消费者具有购买产品或服务的积极意图时,就会增加购买商品或服务的可能性,正向口碑推荐对新客户购买意愿有显著正向影响,也对顾客消费具有显著的正向影响（曹丽和尤颖,2012；巫月娥,2015；俞林和孙明贵,2016）,消极的意图正好相反。因此,购买意向经常被用来预测消费者的购买行为,人们可以在社交媒体上与熟人交流他们对产品或服务的看法,这对消费者的购买意愿产生更大影响（Morwitz 等,1993）,认为消费者购买意愿越强烈,选择购买的概率就越大。综合以上学者们的研究结果,企业之所以能够把握消费者的心理,是因为企业采取了一些有针对性的措施,刺激消费者做出购买决策,那么本公司的产品就会较为容易售卖。基于前人的研究,本书提出购买意愿的定义为:消费者选购某种特点商品或服务的概率。

3.3.2 消费者购买意愿影响因素研究

购买意愿是国内外学者广泛关注的研究热点之一,本书通过大量的文献阅读和梳理,提出了影响消费者购买意愿的主要因素,具体如下:

3.3.2.1 产品相关线索

产品的外部线索指的是与产品自身属性无关的信息,例如产品价格、品牌类别、外在包装等,而内在线索强调的是商品的使用价值,如商品质量、使用时长、方便程度等。产品的内外部线索都会对消费者的购买意愿产生影响,消费者做出购买某一特定品牌或者产品的行为受多种因素的影响,在了解内外部的信息后决定购买行为。但是由于商家与消费者信息掌握的不对称性,消费者难以获得产品的内在影响因素，因此相对于产品的内在影响因素，产品的外在影响因素对消费者的购买意愿影响更显著，产品价格降价等销售促销活动给予顾客消费的理由（王丽芳，2005），激发消费者的购买意愿，增加商品的购买数量（Webster，1991）。在社交媒体中用户难以接触实体商品，根据媒体人物的描述，公示的产品信息，用户之间的交流等方法获取产品的内外部信息。直播打破了传统媒体信息互动的障碍，顾客可以要求主播从多方面展示产品，以获取商品信息，而且直播中获取的低廉价格信息会使顾客更容易产生购买意愿（Lee等，2016）。

3.3.2.2 消费情境

在线下销售中，商铺的设计风格、氛围营造（如气味、音乐等），在线销售中，网络图文的视觉感受、网店的设计风格、在线评论、顾客口碑、品牌形象等都属于消费情境。Faber等（1992）研究指出，在传统的购物环境中，食物的气味和味道会刺激消费者的购买意愿，也会随着顾客接触商品次数的增多而变得强烈。在线购物电商平台的精美图文（姜燕和姜磊，2021）、在线评论（于丽萍等，2014）对消费者的购买意愿存在正向影响。社交媒体是当今各大品牌的主要营销场所，吴梦丽（2020）发现在微信团购社群中，网络情感的互动性正向影响消费者的购买意愿。除了平台本身的因素，社交媒体下的品牌形象代言人也会影响消费者的购买意愿，相比于传统的代言，网红代言会导致消费者产生更高的购买意愿。在社会电子商务环境下，客户口碑是影响消费者购买的主要因素，而客户口碑的质量和数量将对消费者的购买意愿产生重要影响（左文明等，2010）。

3.3.2.3 消费者个人特征

消费者在性别、年龄、地域和文化程度等一系列特征的差异会对消费者的购买意愿产生影响，导致众多研究者在研究中会着重注意人口统计特征的差别。方正（2007）研究发现年龄差异会对消费者购买意愿造成影响。Tangeland等（2013）在研究中发现，旅客的年龄差异、收入水平和文化程度会对购买意愿造成影响。马龙龙（2011）发现，企业的社会责任对顾客购买意愿会因为个体特征的差异造成不一样的影响。

3.3.2.4 消费者感知价值

感知价值是指消费者在购买过程中衡量感知到的产品或者服务的性价比的整体性评价（Valarie和Zeithaml，1988）。影响消费者购买行为的因素有很多，感知价值是影响购物决策中最关键的直接因素，正向影响消费者在网络购物中的购买意愿（王崇和陈大峰，2021）。通常情况下，消费者在购物选择过程中会选择感知价值高的产品或者服务。研究指出，消费者感知价值比消费者满意更能使消费者产生购买行为，感知价值正向影响消费者的购买意愿及行为（张学睦和王希宁，2019）。

3.3.3 消费者购买意愿文献评述

本部分详细地描述了消费者购买意愿的定义和影响因素、消费者个人特征、感知价值的好坏和外界环境等多种因素都会不同程度地影响消费者的购买意愿，进而影响消费者的购买决定。外界因素包括产品质量、耐用性、价格、售后服务、外在包装、消费环境、媒体人物的专业性等多种因素。在社交媒体的情景下，精美的图文、视频博主优越的形象、舒适的视频场景等外在形象无不带给消费者视觉盛宴，抓住消费者的目光。并且社交媒体平台拥有点赞、转发以及收藏等一系列的互动功能，使视频博主的优质内容得以传播给更多的消费者，消费者与视频博主实现实时互动，用户与用户之间实现信息共享，在线评论清晰可见，消费者可以多方面了解商品信息，感知商品价值，同时，高度娱乐性的视频内容也会影响消费者的情感体验，使消费者以准社会的方式与虚拟博客互动，从而产生购买意向，最终形成消费行为。

第4章

研究假设与理论模型

本章在对前文有关社交媒体、准社会互动理论、心流理论、共情理论及冲动消费行为等相关文献的整理和总结基础上，基于前人的理论基础，结合本书的特定研究情境，提出相关的研究假设，构建研究模型。

4.1 研究假设

本书运用准社会互动理论研究传统媒体中媒体代表与用户之间的关系。随着社交媒体的发展，一些学者开始利用社交媒体来研究视频博主与受众之间的关系（Choi和Lee，2019）。本书在前人理论框架和准社会互动理论的基础上，探讨视频博主对消费者采取冲动购买行为的影响机制。本书选取外在吸引力、社会吸引力和态度同质性三方面作为影响准社会互动的前因变量。本书将视频博客作为研究的背景，变量的选择需要相应地适应本书的条件。在流量为王的今天，所有社交媒体平台为了吸引眼球、赢得粉丝扩大影响力，都会积极发布视频从而提升曝光率、获得流量，所有视频博主曝光率相对较高，个体差异较小。使本书在媒体人物属性中选择外在吸引力、社会吸引力和态度同质性作为影响因素。观众容易被颜值高，身材高挑的视频博主所吸引，愿意与视频博主产生互动关系，互动过程受视频博主的言行举止影响，与博主的互动更长久，因此外在吸引力和社会吸引力是个体是否愿意与视频博主互动的重要标准。就视频博主的内容属性而言，大多数视频博主粉丝都是基于相似兴趣的虚拟小区，有着相似的偏好，通常局限于一个特殊的兴趣，如化妆护肤、旅游、服装等，重点是建立个人友谊,而不是商业关系,并且不分享真实的个人信息。作为一个参照群体,视频博客吸引了具有共同特征和兴趣的个体。因此,态度同质性个体在社交媒体平台上选择信息的重要标准。由于视频博主的粉丝群有着相同、类似的爱好,因此对视频博主有更高程度的信任,对博主推荐的商品有着更高的购买意愿。因此,本书先选取购买意愿和心流体验作为影响因素,再选取消费者冲动消费测量为结果变量,本书涉及的各研究假设如下。

4.1.1 外在吸引力与准社会互动的关系

在社会心理学文献中,外在吸引力用来形容一个人的外貌特征和审美如何吸引人或令人愉快。学者 Rubin 和 Mchugh(1987)研究表明,吸引力能够提升消费者与社交媒体人物之间的准社会互动。学者 Lee 和 Watkins(2016)认为,外在吸引力对准社会互动具有积极的影响,然而学者 Sokolova 和 Kefi(2019)发现,外在吸引力对准社会互动具有消极的影响,后者认为外在吸引力是否具有显著的影响取决于社交媒体博主的定位与消费者的个人审美。与时尚美容产品传统的代言人(明星或模特)相比,消费者并不期望社交媒体博主与他们相似,也不期望他们的外貌存在吸引力(Ladhari 和 Massa,2020)。

外在吸引力是博主地位和影响力提升的前提,简言之,人们更容易被长相漂亮的博主吸引(Perse 和 Rubin,1988),从而产生准社会互动。但是也有研究表明外在吸引力是否重要的关键因素是消费者对美和视频博主人设(即媒体人格)的看法,比如健身博主展现出来的健康体魄和生活方式比长相和外表更重要(Sokolova 和 Kefi,2019)。准社会互动是社交媒体博主的外在吸引力与社会吸引力共同作用的结果,两者皆对准社会互动具有正向影响且起到关键性作用(Lee 和

Watkins，2016），当观众认为社交媒体博主没有吸引力时，准社会互动是难以建立的。因此，本书提出以下假设：

假设 H1：外在吸引力对准社会互动具有正向影响。

4.1.2 社会吸引力与准社会互动的关系

社会吸引力是指博主言行举止的受欢迎程度，可被定义为与媒体人物成为朋友或成为社交或工作伙伴的可能性，类似于喜欢、亲近与崇拜的情感（沈琪，2020）。当视频博主的言行举止（如乐于助人等）获得消费者积极的肯定与评价时，或当消费者认为社交媒体视频博主具有其期望的质量或与自己相似之处时，他们会认为该视频博主更具有吸引力（袁登华和高丽丹，2020）。无论是传统媒体还是新媒体，社会吸引力和外在吸引力皆被认为是影响准社会互动的相关因素（Rubin 和 Mchugh，1987；Kurtin 等，2018）。

当媒体人物因良好的言行举止具有积极的评价、表现出如帮助他人等善意的行为、被观众认为与其相似或具有期望的特征时，观众会认为博主更具有吸引力。随着社交媒体博主和粉丝互动次数及观点输出的增加，博主的媒体人格对观众的社会吸引力也会增加（Rubin 和 Mchugh，1987），那么更有可能发生准社会互动。同样的信息与观点，社会吸引力高的博主更能够通过具有人格魅力的表达，增强准社会互动，从而影响消费者对产品或品牌的态度看法及购买意愿。因此，本书提出以下假设：

假设 H2：社会吸引力对准社会互动具有正向影响。

4.1.3 态度同质性对准社会互动的关系

态度同质性即相似性，可被定义为产生互动的个体之间在信仰、性格、受教育程度、社会地位和喜好等方面的相似程度（Eyal 和 Rubin，2003）。多位学者研究表明，态度同质性是准社会互动 PSI 的先决条件之一，与准社会互动 PSI 显著相关（Turner 和 John，1993；Frederick 等，2012）。学者 Lee 和 Watkins（2016）探究了视频博主如何影响准社会互动，强调了态度同质性对准社会互动具有积极的影响。消费者与社交媒体视频博主之间的相似性增加了两者准社会互动的可能性与频率，如果消费者认为社交媒体视频博主与自己的价值观相似，互动将会继续。

根据社会认知理论，人们更容易受到与其相似的社交媒体人物的影响（Bandura，1986），媒体人物与观众之间的相似性增强了准社会互动的可能性与频率（Lee 和 Watkins，2016）。当观众发现社交媒体人物与其相似时，观众更有可能倾听该社交媒体人物的建议，而观众感知到的相似程度所产生的熟悉感决定了该博主对其的影响力（Eyal 和 Rubin，2003）。基于以往关于态度同质性与准社会互动的研究，因此，本书提出以下假设：

假设 H3：态度同质性对准社会互动具有正向影响。

4.1.4 购买意愿与准社会互动的关系

意愿的定义首先出现在心理学研究领域，是指个体进行某一特定主观行为的概念。购买意愿可被定义为消费者购买产品或服务的概率与可能性（Dodds 等，1991）。消费者购买意愿的构成，包括消费者对品牌或产品/服务的认知与个人态度、偏好和外在影响因素等，这些因素决定了消费者的购买意愿，从而决定了消费者的购买行为（Mullet，1992）。只有当消费者产生购买意愿时，才会产生购买行为，当企业了解消费者的购买意愿时，才能预测消费者的购买行为（Ajzen 和 Fishbein，1970）。视频博主通过日常生活分享的产品或服务可以通过与受众建立的准社会互动影响消费者对产品及品牌的认知和态度，从而影响消费者的购买意愿（袁登华和高丽丹，2020），心流体验也会正向影响消费者的购买意愿（刘旸，2017）。

消费者倾向于在社交媒体平台获取知识或产品信息的行为（Teo等，2003），导致他们产生购买意愿，随着消费者与视频博主视频内容与其他形式的频繁互动，消费者会越发信任该博主从而听从其建议（Rubin等，1985）。对消费者而言，比起不熟悉的社交媒体博主，与其建立准社会互动的社交媒体博主更具有说服力（Mccormick，2016）。Sokolova和Kefi（2019）的研究证明，那些关心自己粉丝并在其领域表现出专业知识的、值得信赖的博主的长期追随者（消费者与博主已产生准社会互动）更有可能产生购买意愿。已有研究证明，社交媒体博主与消费者之间的准社会互动对消费者购买意愿具有影响（Jin和Ryu，2020）。因此，本书提出以下假设：

假设H4a：准社会互动对购买意愿具有正向影响。

4.1.5 心流体验与准社会互动的关系

"心流体验"的概念最早由学者Csikszentmihalyi（1975）提出，其重点研究为在线消费者网络购物过程中的心理满足感，他将心流体验定义为在从事一项活动时产生的一种心理状态或一种普遍的评价。当消费者处于心流体验状态时，他们完全沉浸专注于交互，内心充满愉悦并且感觉时间过得很快。已有学者研究证明，在消费者与社交媒体平台或其他用户交互的过程中，社交互动对心流体验具有影响（Kim等，2005；Chang，2013），尤其是当消费者长时间处于交互状态时，就会产生在线心流体验（Choi和Kim，2004）。消费者处于心流体验时，会在没有受到外部干扰的情况下，专注其中并从内心感知到愉悦，这是消费者继续使用社交媒体平台的关键因素（Tiwana 和 Bush，2005），也是影响消费者购买意愿和行为的关键因素（Hsu，2012）。

根据社交媒体平台特征，字幕、滤镜和音效等数字元技术强化了视觉效果与视频表现力，视频博主内容更具个人特色，而视频博客能最大限度地保留生活的真实，又能在剪辑、配乐和字幕的配合下更好地完成视觉画面，给消费者在感官上带来更优质的沉浸体验（李帮儒和郭瑞，2019），使其很容易投入大量时间与精力。据此可知，消费者这种专注于视频忘却时间的行为符合心流体验的特征。因此，本书提出以下假设：

假设 H4b：准社会互动对心流体验具有正向影响。

4.1.6 心流体验与冲动消费的关系

心流体验对购买意愿具有积极作用（刘旸，2017），也正向影响持续意愿和冲动消费（Hsu，2012），陈洁通过用"时间感"和"购物愉悦感"实证发现心流体验对重返购物和冲动性购物均有显著影响；李志飞（2007）通过研究发现体验营销会使消费者产生强烈的情感反应，引起的情感反应促使消费者做出冲动性购买的决定，姜燕和姜磊（2021）通过实证发现良好的网店店铺形象呈现出的虚拟体验能够激发出消费者的冲动性购买意愿。事实上，与实体购物相比，网络购物最大的缺点是产品或服务的无形化和难以标准化而导致消费者具有更高的感知风险，如果网络购物中的虚拟体验能使消费者产生愉悦感，并沉浸在体验当中，而忽视购物风险，那么就会增加网络购物的意愿。相关研究指出，消费者选择网上购物不是出于有效的自我使用动机，而是出于体验，追求更自由、更好控制和更有趣。因此，本书提出以下假设：

假设 H5：心流体验对冲动消费具有正向影响。

4.1.7 购买意愿对冲动消费的关系

Chen 等（2016）指出，冲动性可以调节消费者对网站质量的感知和冲动购买行为，尤其是当网站为消费者提供高度完整的信息时，作用更大。当消费者非常冲动时，他们可能会在没有思考或计划的情况下立即采取购买行动。因此，当高冲动消费者感知到直播提供了高质量的有用信息时，他们更有可能产生购买意愿。Lu 等（2018）认为，相对冲动性较强的人而言，他们更容易被刺激所唤醒，对自己的理性控制能力也不如其他人。换句话说，冲动性很强的消费者可能只会因为产品看起来有吸引力而购买，而不是因为他们真的需要它。当高度冲动的观众观看直播时，由于直播内容、主播或直播环境等因素产生的积极情绪，他们更有可能不假思索地购买产品。冲动消费具有明显的突发性和冲动性，主要受购买意愿的影响。购买意愿与冲动性购买行为之间存在一定的正相关关系。当消费者有强烈的购买意愿时，更容易发生冲动性购买行为。因此，本书提出以下假设：

假设 H6：购买意愿对冲动消费具有正向影响。

4.2 感知真实性的调节作用

影响者的真实性是指他们展示自己时，保持与品牌一致的真实性，通过分享与品牌和透明度策略相匹配的个人生活细节，在社交媒体上创建可信的人物角色（Duffy 和 Pruchniewska，2017；Audrezet 等，2020），当消费者觉得影响者是开放、自我呈现和真实时，他们对影响者产生了更高程度的信任，并且更有可能信任影响者传达的品牌信息（Wellman 等，2020）；Lafferty 等（2002）、Lim 和 Van（2015）发现广告的可信度是决定购买意愿的关键因素。研究证实，感知的真实性决定了重游意愿和支付更多的意愿 Kim 和 Baker（2017）。感知真实性正向影响购买欲。因此，本书提出以下假设：

假设 H7a：感知真实性在准社会互动与购买意愿之间起调节作用。

文化创意旅游目的地的真实性可以提升流动体验真实性对流量有影响，因为当消费者认为他们在真实的东西存在时，他们可以感觉到被传送到对象或位置是自动的上下文中在逻辑上联系在一起，因此他们感觉更多地与上下文联系在一起（Grayson 和 Martinec，2004）。以社交媒体为媒介，媒体人物与消费者之间的频繁互动，消费者对媒体人物产生更高程度的信任感，消费者认为两者互动是真实存在的，对媒体人物有感知真实性。因此，本书提出以下假设：

假设 H7b：感知真实性在准社会互动与心流体验之间起调节作用。

4.3 购买意愿的中介作用

购买意愿对准社会互动与冲动消费的中介作用（Korzaan 和 Bosswell，2008）。视频博主与消费者在关于产品信息的频繁互动过程中，既加深了消费者对产品的了解，又增强了消费者与视频博主的准社会关系，促使消费对视频博主推荐的产品产生购买意愿。心流体验会影响消费者的购买意愿，随着消费者与卖家的心流体验增强，其购买意愿也随之强烈（Chen等，2016）。研究表明，高冲动性消费的个体在直播的有效信息的影响下，容易产生购买意愿促使个人冲动消费。通过前文分析可得，准社会互动、心流体验与购买意愿关系密切，购买意愿对其结果变量消费者的冲动消费存在影响，因此，可以看出购买意愿在对心流体验、准社会互动与冲动消费的影响中起中介作用。因此，本书提出以下假设：

假设H8：购买意愿在准社会互动与冲动消费之间起中介作用。

4.4 心流体验的中介作用

心流体验加强了消费者的无计划购买行为和冲动性购买意愿（郑兴，2019）。研究表明对于正处于心流体验状态下的网络购物消费者，其产生冲动性购买意愿的可能性更大（王澜淇，2013）。在媒体直播带货时，网络名人通过与消费者的互动和接触，给消费者带来心流体验，影响消费者的认知和情感，从而增加消费者的冲动购买意愿。已有研究表明，准社会关系与心流动体验之间存在着密切的相关性，且相关性显著。通过前文分析可得，准社会互动与心流体验关系密切，心流体验对其结果变量消费者的冲动消费存在影响，因此，可以看出心流体验在准社会互动与冲动消费的影响中起中介作用。因此，本书提出以下假设：

假设H9：心流体验在准社会互动与冲动消费之间起中介作用。

综合前文所述，本书提出所有假设如表4-1所示。

表 4-1 假设综合

假设	假设内容
H1	外在吸引力对准社会互动具有正向影响
H2	社会吸引力对准社会互动具有正向影响
H3	态度同质性对准社会互动具有正向影响
H4a	准社会互动对购买意愿具有正向影响
H4b	准社会互动对心流体验具有正向影响
H5	心流体验对冲动消费具有正向影响
H6	购买意愿对冲动消费具有正向影响
H7a	感知真实性在准社会互动与购买意愿之间起调节作用
H7b	感知真实性在准社会互动与心流体验之间起调节作用
H8	购买意愿在准社会互动与冲动消费之间起中介作用
H9	心流体验在准社会互动与冲动消费之间起中介作用

4.5 研究模型与假设的建立

研究基于准社会互动理论，从社交媒体博主和消费者冲动消费两个层面构建理论模型与研究假设，模型构建如图 4-1 所示。首先，本书从视频博主的外在吸引力、社会吸引力和消费者的态度同质性，这三个前因变量对视频博主与消费者准社会互动的影响（分别为假设 H1、假设 H2、假设 H3）。其次，研究分析准社会互动对消费者购买意愿和心流体验的作用（分别为假设 H4a 和假设 H4b）。再次，探索消费者购买意愿和心流体验对冲动消费的作用（分别为假设 H5 和假设 H6）。最后，感知真实性对准社会互动与购买意愿、心流体验有调节作用（分别为假设 H7a 和假设 H7b）。

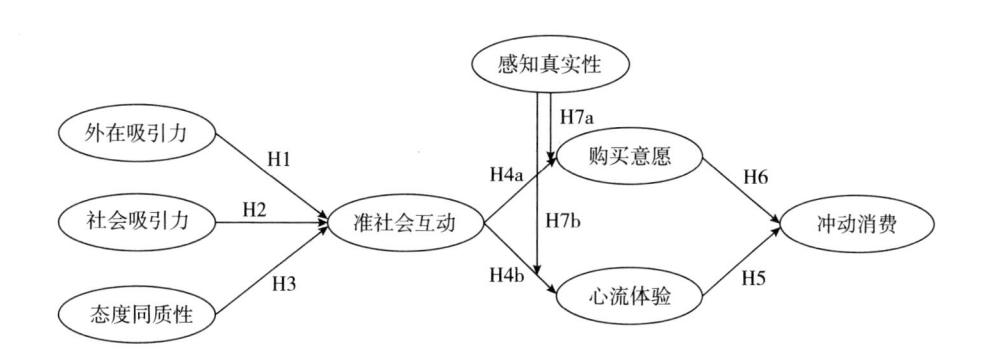

图 4-1 研究模型构建

第5章

研究设计与方法

本章对上述变量进行了定义和测量，并设计了问卷。问卷初步形成后，通过小范围的调查前反馈，对问卷中语义差异较大的句子表达进行修改，并对信度和效度不达目标题项进行删除，以保障问卷的质量，最后通过问卷星在线发放调查问卷收集研究资料。

5.1　变量的定义与测量

为了方便被调查者填写问卷，在为每个测量维度设计相关问题时，句子应易于理解，表词达意明确。本书所涉及变量的定义、来源和测量指标如下所述。

5.1.1　变量的定义

以大量文献阅读和梳理为基础结合研究情境，本书的具体变量定义如表 5-1 所示。

表 5-1　研究变量的定义

变量名	定义	参考来源
外在吸引力	准社会互动是媒体名人的外在和社会吸引力对观众作用的结果，外在吸引力是地位和影响力提升的前提，也就是说，人们更喜欢和长相漂亮的人交朋友	Perse 和 Rubin（1989）
社会吸引力	随着奖励"互动"或重复观点的增加，媒体人格对观众的社会吸引力也会增加	Rubin 和 Mchugh（1987）
态度同质性	同质性被定义为相互作用的个体在信仰、教育、社会地位等方面的相似程度	Eyal 和 Rubin（2003）
心流体验	消费者处于心流体验时，会在没有受到外部干扰的情况下，专注其中并从内心感知到愉悦，这是消费者继续使用社交媒体平台的关键因素	Tiwana 和 Bush（2005）

续表

变量名	定义	参考来源
购买意愿	对于具有从众心理、时尚心理和攀比心理的用户，更容易被网络微名人吸引，产生对网络微名人的模仿欲望，且会受情感因素的影响，当接收到的信息能刺激他们对情感并且最大限度满足他们的情感时，他们便会产生购买意愿	沈琪（2020）
准社会互动	受众为了满足自己的特定需求，通过社交媒体与曝光的媒体角色（如视频博主）进行非面对面的、单向的互动	包敦安和董大海（2010）
冲动性购买	他认为冲动性消费在时间和空间上也有一定的限定，强调冲动性购买是一种短时、即兴的决定	岳海龙（2005）

5.1.2 变量的测量

下面对本书所涉及的自变量、中介变量、调节变量和因变量共 7 个变量的测量问项、测量指标及来源进行说明，如表 5-2 所示。

表 5-2 视频博主特征的测量量表

测量变量	编码	题项内容	参考文献
外在吸引力 PA	PA1	我认为该博主相当漂亮/帅气	Ohanian（1990）
	PA2	我认为该博主的外表十分有吸引力	
	PA3	我认为该博主看上去十分有魅力	
社会吸引力 SA	SA1	如果可以，我认为该博主可以成为我的朋友	Eyal 和 Rubin（2003）
	SA2	如果可以，我想和该博主进行一次友好的交谈	
	SA3	我认为该博主为人处事和我很像	
态度同质性 AH	AH1	我认为该博主的想法和我一样	Mccroskey 和 Teven（1999）
	AH2	我认为该博主和我有相同的价值观	
	AH3	我认为该博主和我有很多共同之处	

5.1.2.1 视频博主特征的测量

参考 Ohanian（1990）、Eyal 和 Rubin（2003）、Mccroskey 和 Teven

（1999）的研究，根据研究情境，以及中英文互译，专家意见适当调整题项以进一步契合本书的真实情境，研究最终采用李克特 5 级量表。准社会互动的测量变量包括：外在吸引力（3 个题项）、社会吸引力（3 个题项）和态度同质性（3 个题项），如表 5-2 所示，共计 9 个题项。

5.1.2.2 准社会互动的测量

参考 Lee 和 Watkins（2016）和 Liu 等（2019）的研究，本书用 4 个指标来测量受众感知和视频博主的准社会互动，分别是期待观看视频内容、多渠道关注博主、关注博主推荐品牌及博主影响品牌选择决策。具体测量准社会互动为 4 个题项，如表 5-3 所示。

表 5-3　准社会互动的测量量表

测量变数	编码	题项内容	参考文献
准社会互动 PSI	PSI1	我期待着看该博主的视频，阅读她/他的推送内容及评论	Lee 和 Watkins（2016）
	PSI2	我会在不同的社交媒体平台关注该博主	
	PSI3	我觉得该博主就像我的老朋友	
	PSI4	当该博主告诉我她/他对这个品牌的感觉时，这有助于我对这个品牌做出自己的决定	

5.1.2.3 心流体验测量

参考 Koufairis 和 Marios（2002）的研究，本书采用 3 个指标来测量心流体验，如表 5-4 所示。

表 5-4　心流体验的测量量表

测量变数	编码	题项内容	参考文献
心流体验 F	F1	观看视频时，我的注意力都集中在视频上	Koufairis 和 Marios（2002）
	F2	观看视频时，我感觉一切尽在掌握中	
	F3	观看视频时，我找到许多乐趣	

5.1.2.4 购买意愿测量

参考 See-To 和 Ho（2014）及 Choi 和 Lee（2019）的研究，本书用李克特 5 级量表来测量消费者购买意愿。具体测量题目如表 5-5 所示。

表 5-5 购买意愿的测量量表

测量变数	编码	题项内容	参考文献
购买意愿 PI	PI1	我会购买该博主推荐的产品/服务	See-To 和 Ho（2014）
	PI2	我愿意使用视频中出现的产品/服务	
	PI3	我愿意购买视频中出现的产品/服务	Choi 和 Lee（2019）
	PI4	这段视频将会说服我做出购买决定	
	PI5	如果价格相似，我会购买视频里出现的产品	

5.1.2.5 感知真实性

参考 Waitt（2000）的研究，本书用 3 个指标来测量消费者的感知真实性，分别是建议和视频是真实的，以及意见是可靠的。具体测量题目如表 5-6 所示。

表 5-6 感知真实性的测量量表

测量变数	编码	题项内容	参考文献
感知真实性 A	A1	我认为社交媒体名人的建议是真实的	Waitt（2000）
	A2	在我看来，社交媒体博主关于不同产品/服务的帖子/视频似乎是真实的	
	A3	社交媒体博主的意见是可靠的	

5.1.2.6 冲动消费的定义与测量

参考 Verhagen 和 Dolen（2011）及 Beatty 和 Ferrell（1998）的研

究，本书用 4 个指标里的冲动消费为结果变量，结合国内外成熟量表并结合本书情境适当调整，共计 4 个题项。如表 5-7 所示。

表 5-7 冲动消费的测量量表

测量变数	编码	题项内容	参考文献
冲动消费 IB	IB1	当我看到博主视频的瞬间，我就想立即拥有该产品或服务	Verhagen 和 Dolen （2011）
	IB2	当我看到博主视频的时候，我产生了强烈的购买意愿	
	IB3	一看到视频博主推荐产品或服务，我就觉得是我想要的	Beatty 和 Ferrell （1998）
	IB4	我看到了许多之前我没有计划购买，但是看到博主推荐后又很想购买	

5.2 问卷设计

5.2.1 问卷设计过程

首先，查阅国内外文献，总结提炼变量项。通过仔细阅读关于该研究模型和其他主题的大量相关文献，验证了这些变量的测量在国外均有相对成熟的量表，其中一些被国内学者应用。在此基础上，本书通过对量表的筛选和翻译，总结出适合本书目的的高信效度量表，并将其与研究对象联系起来，提炼出适合本书的题项。

其次，讨论量表的修订。该量表根据具体情况进行了修改和改进。通过与导师、同学、朋友等协商，应适当修改歧义和其他选项，以确保受访者能够清楚地理解项目的含义，从而形成调查问卷。

最后，调整不佳题项，形成初步问卷，删除不良题项，并听取导师、同学、朋友等的意见，以便集思广益和权衡文字，形成正式问卷。

5.2.2 问卷内容

本书的问卷设计包括以下三部分：

第一部分主要是了解被调查者对视频博主发布视频的关注情况以及他们对视频博主的熟悉程度。该部分的第一题是"您是否关注了某位社交媒体美妆视频博主，并购买过他/她推荐的产品？"，是本书的拦截选项，如受访者的回答为"否"则被认为是没有关注过视频博客及受博主影响购物的无效问卷样本。然后是关于受访对象对观看视频博主分享内容的具体问题调查，共有4个问项，分别是每日使用社交媒体平台、每天观看社交媒体美妆视频博主的时长、每月网购的频次。

第二部分是要求被调查者针对最关注的视频博主，回忆观看该博主视频与购物的经历，针对下列陈述句做出最合适的选择。视频博主的外在吸引力、社会吸引力、态度同质性、准社会互动、心流体验、购买意愿和冲动性购买7个变量的测量进行回答，调查问卷共设置了27个题项，采用国际通用的李克特5级量表，1~5分的测量内容分别为："1表示非常不同意""2表示不同意""3表示一般""4表示同意""5表示非常同意"。

第三部分涵盖了受访者的人口特征，包括性别、年龄、受教育程度、就业、婚姻状况和月收入，形成完整的最终问卷。

5.2.3 调查对象的选取

根据本书需要，调查对象的选择应符合如下三个条件之一：

第一，本书的调查者要对视频博主及视频博客有一定了解，最好是有自己特别关注了解的视频博主,即有特定的视频博主参考对象。

第二,被调查者在闲暇时间有关注或者浏览视频博主发布的视频博客的习惯。

第三,受访者会通过发布视频博客关注视频博主浏览、分享或宣传的产品,并愿意与视频博主进行准社交互动以产生购买意愿。

综上所述,被选参与者需要对视频博主有一定的了解,或者浏览视频博主发布的视频博客,产生一系列准社交行为。这些参与者基本符合本书的要求。由于视频博客涉及平台广泛,最终的问卷主要以问卷星的形式发放,发布在微信朋友圈、腾讯 QQ 等互联网社交平台上。

第6章

资料统计与分析

本书通过问卷星平台进行问卷调查，利用微信朋友圈、腾讯QQ、微博等社交平台进行问卷转载发放，问卷收集期限为2021年6月22日至9月28日，为保证数据有效性多元性，将问卷分享给不同年龄段、不同消费水平的人群，在选择目标人群时，尽量选取有浏览视频博主发布的视频博客的人群。最终回收657份问卷，为了保证问卷有效性，对无效问卷进行了剔除，标准如下：①在线填写时间少于30秒。②未完整回答完所有题目。③存在明显逻辑漏洞。④对社交平台视频博主内容无了解的被调查对象直接结束作答。⑤五分量表中作答选项过于单一的问卷数据。最终共计剔除无效问卷134份，获得有效问卷523份，有效率达79.6%。

6.1 描述性统计分析

6.1.1 人口统计量分析

基于本书收集的523份有效问卷，使用SPSS 22.0软件对有效视频博客的调查对象进行描述性分析，其中包括性别、年龄、学历、职业及收入，根据样本人口变量的分析，了解视频博客受众样本的社会结构特征和分布情况，勾画出受众样本的画像。

如表6-1所示，在523名受访者中，女性用户占比为89.29%，男性用户占比为10.71%。在年龄分布中，大多数（91.59%）的参与者年龄在18~30岁。具体而言，20岁以下的受访者占受访者总数的27.92%，21~30岁的受访者占比为63.67%，31~40岁的受访者占比为 5.54%。此外，在学历方面，87.19% 的受访者为大学本科/大专，高中/中专学历的受访者仅占 4.02%。可以看出，社交媒体中视频博客的受众群体普遍受教育程度较高，乐于关注网络分享内容及社交软件；在月收入方面，收入在 1000~2999 元的有 424 人，占比为 81.07%，3000~5999 元的有 56 人，占比为 10.71%，说明视频博主的受众群体主要集中于中低收入群体。分析结果表明，本书所选取的受访者以关注社交媒体的年轻群体为主，根据前人对社交媒体的研究表明，年轻群体是各国社交软件的主要受众人群，因此，本书的数据具有一定的代表性和合理性。

表 6-1 被调查者基本信息描述性分析　　　　　　　单位：人，%

人口统计特征	分类	样本数目	百分比
性别	男	56	10.71
	女	467	89.29
年龄	20 岁及以下	146	27.92
	21~30 岁	333	63.67
	31~40 岁	29	5.54
	41~50 岁	11	14.80
	50 岁以上	4	11.20
学历	初中及以下	11	2.10
	高中/中专	21	4.02
	大学本科/大专	456	87.19
	硕士及以上	35	6.69
职业	学生	435	83.17
	全职	61	11.66
	兼职	7	1.34
	未就业	8	1.53
	退休	5	0.96
	其他	7	1.34

续表

人口统计特征	分类	样本数目	百分比
婚姻	未婚	467	89.29
	已婚	56	10.71
月收入	1000~2999元	424	81.07
	3000~5999元	56	10.71
	6000~7999元	16	3.06
	8000元及以上	27	5.16

6.1.2 观看视频博客情况分析

第二部分聚焦于对受访人群平均每周观看社交媒体平台的次数和花费的时长进行数据分析。

如表6-2所示，受访者每天使用社交媒体时长为1~2小时的有211人，占比为40.34%，3小时以上的有190人，占比为36.33%；每天观看视频博主的时间1~2小时的有124人，占比为23.71%；每月网购1~4次的有293人，占比为56.02%，5~9次的有134人，占比为25.62%，10次及以上的占比为14.72%。分析结果表明，绝大部分被视频博客受众喜欢观看视频博主且几乎每天都会花时间观看博主的视频内容，对视频博主的个人有较为深入的了解，受访者样本符合本书的研究要求。

表6-2 样本的情况分析　　　　　单位：人，%

观看情况	分类	样本数目	百分比
使用社交媒体时长（每天）	1小时以下	122	23.33
	1~2小时	211	40.34
	3~4小时	134	25.62
	4小时以上	56	10.71

续表

观看情况	分类	样本数目	百分比
观看视频博主的时长（每天）	1小时以下	370	70.75
	1~2小时	124	23.71
	2小时以上	29	5.54
网购的频次（每月）	0次	19	3.63
	1~4次	293	56.02
	5~9次	134	25.62
	10次及以上	77	14.72

6.2 信度和效度分析

6.2.1 信度分析

信度分析多用于研究定量数据的可靠性、稳定性和一致性，尤其是态度量表题，检验同一事物，采用相同测量工具及方法是否会得到一致的结论。本书采用克伦巴赫（Cronbach）系数对问卷收集的数据进行信度分析，以保证量表的可信度。对于Cronbach系数的评定标准为：α大于0.8，表明可信度高；α介于0.7~0.8，说明信度较好；α介于0.6~0.7，表明信度可接纳；α小于0.6则表明信度过低。本书采用Cronbach系数分析各个变量题目的信度，由表6-3可知，外在吸引力、社会吸引力、态度同质性、准社会互动、心流体验、购买意愿、感知真实性以及冲击消费的Cronbach系数分别为0.884、0.864、0.895、0.835、0.874、0.891、0.899及0.927，均大于0.8，表明各变数的信度高。

表 6-3　各变量信度分析结果

变数	测量题目	Cronbach's α 值
外在吸引力	PA1	0.884
	PA2	
	PA3	
社会吸引力	SA1	0.864
	SA2	
	SA3	
态度同质性	AH1	0.895
	AH2	
	AH3	
准社会互动	PSI1	0.835
	PSI2	
	PSI3	
	PSI4	
心流体验	F1	0.874
	F2	
	F3	
购买意愿	PI1	0.891
	PI2	
	PI3	
	PI4	
感知真实性	A1	0.899
	A2	
	A3	
冲动消费	IB1	0.927
	IB2	
	IB3	
	IB4	

6.2.2 效度分析

效度分析是对数据有效性的分析,其中包括对内容、收敛和区分三个方面的效度分析。在内容效度方面,本书采用成熟量表内容通过中英文互译的方式,结合专家意见生成最终量表,因此量表内容效度较高;收敛有效性表示一个构造的项目相关的程度。在理论上,这些项目应该是密切相关的。通过测试复合可靠性和提取的平均方差(AVE)来评估,研究的标准为平均变异萃取量 AVE 值须大于 0.5 (Fornell 和 Larcker, 1981),本书的量表收敛效度结果如表 6-4 所示。

表 6-4 量表的收敛效度分析结果

变数	测量题目	标准化因子载荷系数 (外部模型载荷)	CR	AVE
外在吸引力	PA1	0.902	0.928	0.811
	PA2	0.907		
	PA3	0.893		
社会吸引力	SA1	0.916	0.918	0.788
	SA2	0.917		
	SA3	0.827		
态度同质性	AH1	0.904	0.935	0.827
	AH2	0.923		
	AH3	0.901		
准社会互动	PSI1	0.868	0.925	0.669
	PSI2	0.814		
	PSI3	0.785		
	PSI4	0.803		
心流体验	F1	0.869	0.922	0.798
	F2	0.902		
	F3	0.910		

续表

变数	测量题目	标准化因子载荷系数（外部模型载荷）	CR	AVE
购买意愿	PI1	0.881	0.925	0.755
	PI2	0.903		
	PI3	0.845		
	PI4	0.845		
感知真实性	A1	0.912	0.937	0.832
	A2	0.907		
	A3	0.917		
冲动消费	IB1	0.905	0.948	0.821
	IB2	0.927		
	IB3	0.919		
	IB4	0.873		

如表6-5所示，对于每个构造，AVE的平方根大于其与任何其他构造的相关性，如在非对角线条目中所描述的。因此，该模型实现了足够的区别效应。所有变量AVE的平方根的数值在0.818~0.912，均高于其与其他变量的相关性，表明区分效度较好。此外，如表6-6所示，采用Chin（1998）的数值标准，本书所有题项在对应变量上的因子载荷数值在0.789~0.921，均高于在其他变量上的载荷值，这表明本书的区分效度较好。

表6-5 量表的区分效度分析结果

	A	AH	F	IB	PA	PI	PSI	SA
A	**0.912**							
AH	0.640	**0.909**						
F	0.764	0.724	**0.893**					
IB	0.620	0.634	0.673	**0.906**				
PA	0.647	0.633	0.682	0.497	**0.901**			
PI	0.786	0.683	0.743	0.785	0.594	**0.869**		

续表

	A	AH	F	IB	PA	PI	PSI	SA
PSI	0.757	0.773	0.821	0.697	0.640	0.784	**0.818**	
SA	0.533	0.747	0.582	0.518	0.587	0.535	0.642	**0.888**

注：A 表示感知真实性；AH 表示态度同质性；F 表示心流体验；IB 表示冲动消费；PA 表示外在吸引力；PI 表示购买意愿；PSI 表示准社会互动；SA 表示社会吸引力。

表6-6　交叉载荷因子

	A	AH	F	IB	PA	PI	PSI	SA
A1	**0.912**	0.584	0.705	0.554	0.584	0.726	0.677	0.480
A2	**0.907**	0.575	0.677	0.548	0.569	0.662	0.691	0.478
A3	**0.917**	0.593	0.708	0.591	0.617	0.758	0.703	0.499
AH1	0.579	**0.906**	0.655	0.572	0.591	0.624	0.686	0.673
AH2	0.615	**0.921**	0.676	0.574	0.605	0.615	0.730	0.693
AH3	0.551	**0.901**	0.643	0.584	0.531	0.624	0.692	0.671
F1	0.713	0.616	**0.869**	0.566	0.598	0.648	0.719	0.520
F2	0.671	0.669	**0.902**	0.623	0.622	0.677	0.741	0.520
F3	0.665	0.654	**0.909**	0.613	0.608	0.664	0.740	0.521
IB1	0.562	0.560	0.598	**0.905**	0.462	0.702	0.623	0.445
IB2	0.574	0.572	0.609	**0.927**	0.455	0.730	0.641	0.480
IB3	0.563	0.579	0.608	**0.920**	0.439	0.710	0.648	0.482
IB4	0.547	0.586	0.623	**0.873**	0.444	0.703	0.613	0.470
PA1	0.605	0.557	0.628	0.457	**0.901**	0.552	0.602	0.506
PA2	0.584	0.603	0.622	0.450	**0.908**	0.551	0.575	0.538
PA3	0.559	0.550	0.592	0.435	**0.893**	0.499	0.551	0.544
PI1	0.735	0.587	0.671	0.651	0.533	**0.882**	0.698	0.485
PI2	0.679	0.621	0.659	0.703	0.536	**0.903**	0.694	0.466
PI3	0.636	0.592	0.596	0.713	0.460	**0.844**	0.688	0.454
PI4	0.680	0.572	0.655	0.662	0.535	**0.845**	0.644	0.454
PSI1	0.664	0.663	0.731	0.598	0.579	0.663	**0.867**	0.559
PSI2	0.560	0.592	0.596	0.515	0.436	0.584	**0.814**	0.478
PSI3	0.530	0.674	0.603	0.611	0.459	0.628	**0.789**	0.551
PSI4	0.710	0.597	0.743	0.550	0.606	0.683	**0.800**	0.508

续表

	A	AH	F	IB	PA	PI	PSI	SA
SA1	0.485	0.652	0.519	0.444	0.555	0.454	0.568	**0.915**
SA2	0.469	0.675	0.523	0.458	0.502	0.486	0.579	**0.916**
SA3	0.465	0.659	0.507	0.477	0.505	0.483	0.561	**0.829**

注：A 表示感知真实性；AH 表示态度同质性；F 表示心流体验；IB 表示冲动消费；PA 表示外在吸引力；PI 表示购买意愿；PSI 表示准社会互动；SA 表示社会吸引力。

6.3 多重共线性

多重共线性表明自变量之间不相互独立。多重共线性的问题可能会破坏对多元回归结果的解释。为了确保这种威胁不会影响我们的结果，本书通过方差膨胀因子（Variance Inflation Factor，VIF）来判断多重共线性，通过运行 PLS Algorithm 算法获得测量共线性问题的变异数膨胀因子。Hair 等（2011）认为 VIF 值为 5 以上表示存在潜在的共线性问题。而对于各个变量而言，如表 6-7 所示，VIF 的取值范围为 1.647~3.956，均低于 5 的标准。这些结果表明，多重共线性对于这项研究的影响并不大。

表 6-7 观测变量 VIF 值

观测变数	VIF	观测变数	VIF	观测变数	VIF
A1	2.753	IB1	3.386	PI3	2.170
A2	2.764	IB2	3.956	PI4	2.228
A3	2.823	IB3	3.777	PSI1	2.261

续表

观测变数	VIF	观测变数	VIF	观测变数	VIF
AH1	2.667	IB4	2.552	PSI2	1.951
AH2	2.986	PA1	2.438	PSI3	1.647
AH3	2.557	PA2	2.630	PSI4	1.709
F1	2.053	PA3	2.444	SA1	3.401
F2	2.531	PI1	2.593	SA2	3.392
F3	2.685	PI2	3.016	SA3	1.663

6.4 结构模型检验

6.4.1 结构模型拟合度检验

本书将采用 Smart PLS 3.0 软件检验研究假设，在假设检验前，通过运行 PLS Algorithm 算法以验证模型拟合情况。本书将参考 Henseler 等（2016）的建议检验模型的拟合指数，其中包括 SRMR、d_ULS、d_G 和 NFI。由表 6-8 可知，该模型的拟合指数 SRMR＝0.045（＜0.08）、d_ULS＝0.775（＜0.95）、d_G＝0.596（＜0.95）、NFI＝0.851，表明拟合可靠且充分。

表 6-8 模型整体拟合指针结果

拟合度指标	SRMR	d_ULS	d_G	NFI
结果	0.045	0.775	0.596	0.851
标准	＜0.08	＜0.95	＜0.95	越趋于1越好

6.4.2 结构模型路径检验

在检验了测量模型之后，对结构模型进行了测试。结果如图 6-1 所示，假设检验结果总结如表 6-9 所示，除假设 H2（SA->PSI）外，其余假设都得到了支持。购买意愿和心流体验对冲动消费行为有显著影响。此外，这两个变量的维度受到准社会互动的影响，由假设 H4 和假设 H4b 的建立表明，心流体验和购买意愿之间的关系并不显著。此外，外在吸引力和态度同质性被发现对准社会互动产生显著影响，支持假设 H1 和假设 H3。然而，社会吸引力和准社会互动之间没有显著的相关性，排除假设 H2。此外，感知真实性对心流体验和购买意愿没有产生调节作用，假设 H7a 和假设 H7b 不成立。

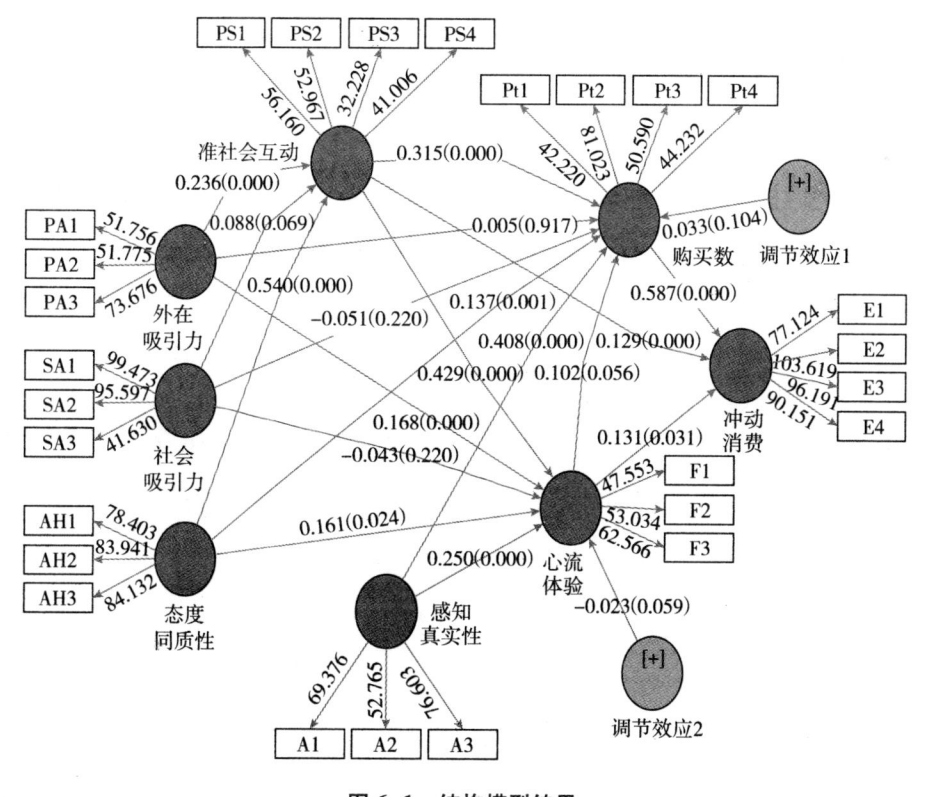

图 6-1 结构模型结果

表 6-9 模型标准化路径系数和假设检验结果

假设	路径	非标准估计（初始样本）	S.E（标准偏差）	C.R.	P	结论
PA->PSI	外在吸引力->准社会互动	0.238	0.045	5.210	***	支持
SA->PSI	社会吸引力->准社会互动	0.085	0.047	1.789	0.073	不支持
AH->PSI	态度同质性->准社会互动	0.559	0.051	10.993	***	支持
PSI->F	准社会互动->心流体验	0.822	0.019	8.507	***	支持
PSI->PI	准社会互动->购买意愿	0.537	0.051	6.234	***	支持
F->IB	心流体验->冲动消费	0.200	0.051	2.185	***	支持
PI->IB	购买意愿->冲动消费	0.637	0.049	9.985	***	支持

注：*** 表示 P<0.001。

由表 6-9 可知，在整体模型所有假设中，假设 H1、假设 H2、假设 H3、假设 H5、假设 H6、假设 H7、假设 H8 的 P 值在 0.001 水平上显著，即假设成立，假设 H2 的 P 值为 0.073，大于 0.05，在 0.05 水平上显著，假设 H2 成立。具体而言，视频博主的外在吸引力以及态度同质性对受众和视频博主的准社会互动的直接影响在 0.001 水平上达到显著，受众与视频博主之间的准社会互动对受众购买意愿和心流体验的直接影响在 0.001 水平上达到了显著，受众与视频博主之间的心流体验和购买意愿对受众的冲动消费的直接影响在 0.001 水平上达到显著，受众与视频博主之间的心流体验对受众的购买意愿的直接影响也在 0.001 水平上达到显著；而视频博主的社会吸引力对受众和视频博主之间的准社会互动的直接影响在 0.05 水平上达到显著。说明视频博主的外在吸引力、态度同质性以及受众与视频博主之间的准社会互动直接影响、受众与视频博主之间的准社会互动对受众购买意愿和心流体验的直接影响、受众与视频博主之间的心流体验对受众的购买意愿的直接影响以及心流体验对购买意愿的直接影响大于社会影响力对准社会互动的直接影响。

6.5 中介效应分析

在外在吸引力对购买意愿这条路径中，偏差校正（Bias-corrected）间接效应在95%水平上的置信区间为（0.042，0.119）不包含0，说明准社会互动在这条路径中起中介作用，直接效应在95%水平上置信区间为（-0.080，0.087）包含0，说明准社会互动在这条路径中起完全中介作用；在外在吸引力对心流体验这条路径中，偏差校正（Bias-corrected）间接效应在95%水平上的置信区间为（0.061，0.145）不包含0，说明准社会互动在这条路径中起中介作用，直接效应在95%水平上置信区间为（0.078，0.254）不包含0，说明准社会互动在这条路径中起部分中介作用。

在社会吸引力对购买意愿这条路径中，偏差校正（Bias-corrected）间接效应在95%水平上的置信区间为（-0.001，0.064）包含0，说明准社会互动在这条路径中不起中介作用；在社会吸引力对心流体验这条路径中，偏差校正（Bias-corrected）间接效应在95%水平上的置信区间为（-0.004，0.079）包含0，说明准社会互动在这条路径中不起中介作用。

在态度同质性对购买意愿这条路径中，偏差校正（Bias-corrected）间接效应在95%水平上的置信区间为（0.104，0.265）不包含0，说明准社会互动在这条路径中起中介作用，直接效应在95%水平上置信区间为（0.039，0.241）不包含0，说明准社会互动在这条路径中起部分中介作用；在态度同质性对心流体验这条路径中偏差校正（Bias-corrected）间接效应在95%水平上的置信区间为（0.169，0.322）不包含0，说明准社会互动在这条路径中起中介作用，直接效应在95%水平上置信区间为（0.061，0.278）不包含0，说明准社会互动在这条路径中起部分中介作用。

在购买意愿为中介的准社会互动对冲动消费这条路径中，偏差校正（Bias-corrected）间接效应在95%水平上的置信区间为（0.115，0.267）不包含0，说明购买意愿在这条路径中起中介作用，直接效应在95%水平上置信区间为（-0.007，0.257）包含0，说明购买意愿在这条路径中起完全中介作用；在以心流体验为中介的准社会互动对冲动消费这条路径中，偏差校正（Bias-corrected）间接效应在95%水平上的置信区间为（0.008，0.111）不包含0，说明心流体验在这条路径中起中介作用，直接效应在95%水平上的置信区间为（-0.007，0.257）包含0，说明心流体验在这条路径中起完全中介作用。中介效应分析结果如表6-10所示。

表6-10 中介效应检验结果

路径	效应类型	Bias-corrected 95%CI 下限	Bias-corrected 95%CI 上限	结论
外在吸引力→购买意愿	总效应	0.020	0.192	完全中介
	直接效应	-0.080	0.087	
	间接效应	0.042	0.119	

续表

路径	效应类型	Bias-corrected 95%CI 下限	Bias-corrected 95%CI 上限	结论
外在吸引力→心流体验	总效应	0.169	0.359	部分中介
	直接效应	0.078	0.254	
	间接效应	0.061	0.145	
社会吸引力→购买意愿	总效应	-0.106	0.056	不存在中介效应
	直接效应	-0.132	0.031	
	间接效应	-0.001	0.064	
社会吸引力→心流体验	总效应	-0.097	0.077	不存在中介效应
	直接效应	-0.125	0.035	
	间接效应	-0.004	0.079	
态度同质性→购买意愿	总效应	0.265	0.460	部分中介
	直接效应	0.039	0.241	
	间接效应	0.104	0.265	
态度同质性→心流体验	总效应	0.293	0.532	部分中介
	直接效应	0.061	0.278	
	间接效应	0.169	0.322	
准社会互动→冲动消费（以购买意愿为中介）	总效应	0.283	0.500	完全中介
	直接效应	-0.007	0.257	
	间接效应	0.115	0.267	
准社会互动→冲动消费（以心流体验为中介）	总效应	0.283	0.500	完全中介
	直接效应	-0.007	0.257	
	间接效应	0.008	0.111	

6.6 调节效应分析

本书以感知真实性为调节变量，利用Smart PLS3.0软件进行调节效应分析，采用偏差校正（Bias-corrected）置信区间估计法进行区间估计，将置信水平设置为95%以下，通过 Bootstrap 设置对样本数据进行5000次抽样，以获得其显著性，进而验证感知真实性在准社会互动和购买欲之间、感知真实性在准社会互动和心流体验之间存在调节效应。如表6-11所示，感知真实性在准社会互动和购买欲之间、感知真实性在准社会互动和心流体验之间的 P 值分别为 0.053、0.135，这表明其调节效应均不显著，故感知真实性在准社会互动和购买欲之间、感知真实性在准社会互动和心流体验之间均不存在调节效应。

表6-11 调节效应检验结果

	P Values
PSI * A（F 为 y）->F	0.053
PSI * A（PI 为 y）->PI	0.135

注：*表示调节。

第7章

研究结论与管理建议

7.1 主要结论

本书基于社会学中的准社会互动理论,以准社会互动、购买意愿和心流体验为中介变量,感知真实性为调节变量,旨在研究准社会互动视角下,社交媒体中的视频博主对受众的冲动消费行为影响。本书9个假设中6个假设得到的支持,说明本书构建的理论模型在以准社会互动、购买意愿和心流体验为中介变量研究视频博主特征对消费者冲动消费的影响,本章将对研究的结论及相关营销启示进行讨论。

7.1.1 视频博主属性特征对准社会互动有积极作用

本书在实证研究中发现,首先,外在吸引力和态度同质性对准社会互动存在显著影响,如假设H1和假设H3所示,P值在0.001水平上显著。即在社交媒体中视频博主的外在吸引力以及与受众之间的态度同质性与视频博主之间的准社会互动均有正向的影响作用,其中,对受众的路径系数为0.236,视频博主社会吸引力对受众准社会互动的路径系数为0.086。本书表明:视频博主的外在吸引力对受众与博主之间的准社会互动有积极正向的影响作用。Liu等(2019)研究发现,视频博主的外在吸引力对受众和视频博主之间的准社会互动有显著影响。在社交媒体盛行,流量为王的短视频消费时代,消费者可选择的关注博主数量众多,因此,外在吸引力高的视频博主更容易吸引受众关注,两者之间通过持续关注建立准社会互动。

其次,受众感知与视频博主的态度同质性对两者之间建立准社会互动有显著影响。即当受众在社交媒体中感知到自己与视频博主之间的态度相似度越高,对视频博主的关注度会相应提高,也会对视频博主发布的内容更感兴趣,愿意与博主建立准社会互动关系。Lee 和 Watkins(2016)同样研究发现,受众观看博主发布分享奢侈品类的视频中感知到自己与视频博主的态度同质性对两者之间的准社会互动有积极影响。

7.1.2 准社会互动对消费者购买意愿有积极作用

本书通过实证研究发现,视频博主与受众之间建立的准社会互动关系会影响受众的购买意愿,具有积极的正向影响,P 值在 0.001 水平上显著,非标准化路径值为 0.641。消费者在社交媒体中与视频博主一旦建立起准社会互动关系,消费者会认为自己与博主之间建立了"友谊",并自我感觉与博主之间的亲密度提升。同时,消费者会对视频博主的关注度更高,对其发布的内容更感兴趣,更愿意听取视频博主的建议。准社会互动关系是单向的,但博主在日常视频中分享的产品推荐或使用信息会对消费者购买意愿产生积极影响,激发受众的从众消费心理,本项研究结论与传统媒介环境中准社会互动对消费者购买意愿影响的研究结论一致。

Lee 和 Watkins(2016)研究发现,受众与时尚视频博主进行准社会互动,从而形成单方面的"友谊"关系会对受众在观看视频博主发布分享奢侈品类视频的看法产生积极影响,因此影响购买意愿。当视频博主在与受众之间产生了准社会互动之后,受众会对视频博主有较高的顺从感,会根据视频博主的建议在与受众之间产生了准社会互动之后,受众会对视频博主有较高的追随行为,会根据视频博主的建议改变消费行为习惯。

7.1.3 准社会互动的中介效应显著

本书发现，在中介效应中分析中间效应的上限、下限都不包括阐述准社会互动在视频博主的特征对消费者购买意愿和心流体验路径影响中起中介作用。在检验中介效应路径分析过程中，如果间接效应的置信区间上有中介效应，分析中间接效应的上限、下限都不包含说明准社会互动在视频博主的特征对消费者购买意愿和心流体验路径影响中起中介作用。在检验中介效应路径分析过程中，如果0出现在间接效应的置信区间上限、下限中，则说明中介效应不存在；如果0不出现在间接效应的置信区间上限、下限中，则说明中介效应存在，随之观察直接效应的置信区间，如果0出现在直接效应的上限、下限中，说明是完全中介，如果0不出现在直接效应的上限、下限中，则说明是部分中介（许水平和尹继东，2014）。外在吸引力和态度同质性对消费者购买意愿和心流体验的影响路径中的直接效应的上限、下限区间不包含0，说明是部分中介。外在吸引力和态度同质性对消费者购买意愿和心流体验的影响路径中的直接效应的上限、下限区间出现0，说明是完全中介作用；而外在吸引力对心流体验、态度同质性对购买意愿、态度同质性对心流体验的影响路径中的直接效应的上限、下限区间不包含0，说明是部分中介作用中的直接效应的上限、下限区间包含0，说明是完全中介作用；在外在吸引力对心流体验、态度同质性对购买意愿、态度同质性对心流体验的影响路径中的直接效应的上、下限区间不出现0，说明存在部分中介作用。

本书研究表明，在没有准社会互动关系的前提下，视频博主的外在吸引力和态度同质性不会直接对消费者购买意愿产生影响。视频博主的外表特征不能直接影响消费者对购买产品起到积极的态度，而是需要消费者与视频博主之间建立准社会互动这一中介变量，且在观看博主视频中产生购买意愿并进入一种心流体验状态。然而，本书假设H7a和假设H7b却没有得到验证，在Smart PLS3.0分析软件的路径分析中，P值分别为0.108和0.059，大于显著水平0.05，即感知真实性对受众观看视频博客中准社会互动与购买意愿和心流体验两者之间的调节作用表现得并不显著。其中部分原因可能是社交媒体客观存在的商业特征，在传统媒体中品牌方常使用电视剧或电影中植入广告的方式，影响消费者购买意愿，这已普遍被消费者所察觉，影响了年轻一代消费群体的反感。但这可能是消费者未能与传统媒介中的人物进行准社会互动的原因，明星代言的方式无法建立亲密的"友谊"。而在社交媒体蓬勃发展的今天，消费者可以在社交媒体中通过点赞、转发、留言、弹幕等行为与视频博主产生准社会互动，与视频博主建立"友谊"并增加亲密感。在这样的大环境下，视频博主通过记录日常生活的方式增加真实感，但由于受众深刻了解，视频博主会面临着流量变现，获取广告费的刚性需求，因此当有产品推荐被植入视频博客中，受众在观看视频时，感知到博主使用或评价的真实性时，可能会产生博主正在带货的判断，从而削弱受众的真实感知，无法激发消费者产生购买意愿或进入心流体验的状态。

7.2 管理建议

随着短视频市场的蓬勃发展，移动技术逐渐改变了消费者的社交生活方式，大数据算法可以通过消费者的过往浏览数据，清晰地勾勒出用户画像，能够在受众产生购买意愿之前，通过社交媒体对消费者进行精准的个性化产品推荐，让消费者在浏览内容时不知不觉产生购买意愿，同时在消费者产生购买意愿时，快速生成可购买产品的链接，助推消费者快速下单，达成交易。因此社交媒体已经慢慢取代传统媒体，成为消费的主流。例如，曾经营销人员推广产品和品牌的重要平台是电视、杂志等。现如今，视频博主将有关个人生活、品牌和产品体验的视频上传到社交媒体平台上，通过新媒体营销的方式促销产品和服务的交易。本书将准社会互动、购买意愿和心流体验列为中介变量，感知真实性为调节变数，通过实证研究，探究了视频博主特征对消费者冲动消费的影响机制，本书研究结论可以为企业新媒体营销推广和社交媒体视频博主提供宝贵的建议。

7.2.1 对企业的管理建议

7.2.1.1 重视视频博客的营销作用

本书通过实证分析考察了在社交媒体上通过准社会互动建立的视频博主与消费者的亲密"友谊"关系对消费者冲动消费行为的影响。结果表明，企业在进行新媒体营销过程中应借助社交媒体平台，通过视频博主发布有关体验品牌产品内容的视频的形式，与消费者搭建间接关系网，引发冲动消费行为。在消费者使用社交媒体观看视频博主发布的视频时，感觉自身与博主之间是一种平等的关系，因此在视频博主分享使用产品的主观感受和对产品的客观评价时，会引发观众的共鸣并产生准社会互动，在这种情形下，潜移默化地影响消费者对该产品或品牌的看法，进而提升消费者购买意愿。对比于传统营销模式中，通过邀请有影响力的明星为产品代言，利用社交媒体中，网络名人的视频博客进行营销不仅具有场景带入的真实感以及在线深度互动的特点，进一步强化了产品的使用体验分享加强了消费者在线观看视频时的代入感。社交媒体的视频博客不同于传统媒体的影视节目植入广告，视频博客的分享更具有真实性，如纪录片呈现的生活点滴记录。因此视频博客的真实性会加强受众消费者的信任感，产品的使用场景与真实适用场景契合，企业可以借助视频博客的影响力，提供符合视频博主推广内容的产品，让产品出现在视频博主的分享日志中，利用视频博主在粉丝层面群体的影响力来促进产品销售，这也符合公司将现实融入广告的追求。让生活场景与潜移默化地影响消费者的目标不谋而合。此外，相比于拍摄专业广告所耗费的财力和物力，视频博客的简单易操作也大大降低了企业的营销成本，视频博客只需要一台相机甚至一部手机就可以制作，无需多人参与，拍摄成本低、时间快，与传统广告制作费相比，具有显著的成本优势，且成品快、剪辑相对简单，可高频产出内容大大提高产品的曝光率。

7.2.1.2 重视视频博主的个人特征

本书通过实证分析发现，视频博主的外在吸引力、态度同质性对准社会互动有积极影响，会增加消费者购买意愿、心流体验和冲动消费行为。视频博主的外在吸引力、态度同质性对准社会互动有积极影响，从而会增加消费者购买意愿、心流体验和冲动消费行为。相比于视频博主的外在吸引力和态度同质性，观众感知到视频博主的社会影响力对准社会互动的影响不大，即对消费者购买意愿、心流体验及冲动消费行为影响不显著。首先，受众感知到的与视频博主的社会吸引力对其之间的准社会互动影响不显著，对消费者的心流体验及冲动消费行为影响不显著。由于视频博客具有用户黏性高、领域垂直性强等特点，例如，视频博客的内容存在主题分明的分类，常见的划分为健身、美容、旅行等热门领域。这些领域的差异会迎合小众需求群体的兴趣，明确不同视频博主的粉丝群体及目标消费客户。当受众关注某类视频博主时，他们会关注视频博主发布的日常内容，与视频博主产生准社会互动，下意识地将视频博主视为朋友并形成友谊关系，也认可和接受视频博主的生活方式。因此，具有较高社会吸引力的视频博主不一定能与受众建立准社会互动关系，受众更多地会根据自己的偏好选择和关注视频博主，这与博主自身的社会影响力高低没有必然联系。因此，公司结合自身产品类别和特征，选择合适的视频博主作为品牌推广管道，不必盲目追求具有社会吸引力的头部视频博主。其次，视频博主的外在吸引力和态度同质性是影响视频博主与受众之间建立准社会互动关系的重要因素。因此，当视频博主在推广产品时，能客观公正地讲述产品的优缺点，会有效提升博主的信誉度，消费者在感知视频博主的态度时，就会乐于与之进行准社交互动，从而提高购买意愿。在有选择的情况下，公司可以寻找对观众有吸引力的视频博主进行产品推广。这将增加消费者与博主的准社会互动，从而影响他们的冲动消费行为。

　　本书通过实证研究发现，社会吸引力对购买意愿和心流体验不存在完全中介作用。外在吸引力对心流体验、态度同质性和态度同质性对购买意愿的影响中起部分中介作用，简言之，准社会互动这一中介变量会影响视频博主外在吸引力和态度同质性对消费者购买意愿和心流体验的影响。正如视频博客一样，通过日常视频记录，让受众可以通过社交媒体平台观察自己的生活，他们越来越感兴趣的是在没有刻意修饰下的普通人的日常生活记录。这种新的媒体表述方式可以更好地与普通消费者产生共鸣，而不会像传统广告或宣传视频一样脱离现实场景，无法从对方的行为中找到自己的定位以及满足他们对同情心的心理需求，形成自我反射，并完成他们自己的社会建构，因此，视频博客比其他类型的视频更具互动性。本书还发现视频博客的数量、视频博客和消费者之间的互动频率以及视频博客和视频博客之间的亲密关系都会对消费者的购买行为产生影响。当公司为了营销目的使用视频博客时，视频博客和消费者之间的互动强度越高，用户的忠诚度也会相应提高，广告效率也会更为显著。

7.2.2 对视频博主的管理建议

虽然近两年随着社交媒体软件对短视频内容的大力推广，以小红书、B站、微博等头部平台为首的内容平台上，新宠视频博客似雨后春笋层出不穷。但整体从视频博客的内容质量来看，视频博主的内容更新持续性较弱，生命周期较短，大多数视频博主在打造个人品牌方面的意识和能力都很弱。目前，视频博客正处于一个新的发展阶段，访问门槛低，竞争激烈。因此，视频博客作者对已发布视频内容质量的关注程度，会对提高核心竞争力以及增强持续吸引受众具有显著作用。本书研究表明，视频博主的外在吸引力和态度同质性对增强消费者与视频博主之间的准社交互动有积极影响。所以视频博主要注意培养自己的相关能力。具体建议如下：

第一，网络社交时代，短视频的社交属性日益增强，具有传播快、时间短的优势，在社交领域表现出强大的吸引力，可以从外在吸引力和态度同质化方面提升自身能力。本书发现视频博主的外在吸引力和态度同质性对观众的购买意向有积极影响。而视频博主在这种新的传播模式下通过在外在吸引力和态度同质性两方面着手能够获得更多的关注，吸引更多的流量。在吸引力方面，对于视频博主来说，其社交媒体上发布的视频博客是一个自我展示的好机会。视频博主可以在发布的视频中表达自己，展示自己的真实生活，受众通过转发、点赞、留言等方式与博主在线互动，建立彼此的在线互动关系。本书研究发现，视频博主的外在吸引力会增加受众与其进行准社会互动的频率，进而增加受众的购买意愿和进入心流体验的可能性。因此，无论是博主发布的美妆类视频中的美妆过程的展示，还是开箱视频中的快递盒或礼品盒，抑或是生活视频中的家具、玩具等，只要选择呈现给观众的图片，视频博主都需要经过精心策划和安排，以达到更好的自我呈现中的印象管理效果。视频博主们为了以近乎完美的状态出现在视频博客中，展现个人魅力和增强吸引力，他们不断地加强自我认知、塑造和修复自我形象。除此之外，视频博主个人的内在涵养和品格养成也是必不可少的重要因素。在注重外在吸引力的同时，提高与粉丝的情绪共情能力和思维引导力，会整体提高博主的自身吸引力，获得消费者的长期关注。只有当视频博主制作观众喜欢的视频博客时，观众才能对视频博客产生兴趣，从而逐步引导观众产生购买意愿。晕轮效应显示，视频博主与受众之间的相似兴趣和价值观是受众对视频博主产生兴趣和特定印象的前提和基础。鉴于此，受众才会产生观看博主发布的视频博客的行为。视频展示的内容应该在日常生活场景下进一步细分，洞察消费的真实需求，在注意力资源有限、消费升级、视频资源过剩的商业情境下、深化消费痛点，垂直受众群体，深入洞悉的个人发展领域，与受众进行深入的互动与交流，根据自身视频博客特性和受众群体兴趣制作引人入胜的视频，并表达自己的观点。通过传播他们的观点并展示他们的行为的博客内容来加强他们的受众和受众身份，从而为博客上显示的产品建立持久的忠诚度并产生购买意愿，激发受众在观看其视频时的心流体验，进而引发消费者的冲动消费行为。

第二，强化视频美学，激发观众心流体验的视频博客创作思路是视频中呈现的内容是视频博主日常生活的真实记录。随着越来越多的视频博主不断涌现，日常生活的积累导致视频博客的同质化和低俗化，造成观看者的审美疲劳。在社交媒体平台生活瞬息万变的压力下，追求慢生活，在各种内容中追求"好内容"成为受众主流，偏向个性化的视频内容成为年轻人的选择趋势，也是观看视频的关键。以李子柒为例，她发布的美食视频博客，既还原了乡村的美好生活，又满足了观众的审美需求，仿佛是城市里的世外桃源。观众在观看精美的视频博客时，会完全忘记时间的流逝，进入一种心流体验的感觉。也满足了观众的审美需求，一个仿佛置身于城市中的世外桃源。受众在观看唯美视频博客时，会全然投入忘却时间的流逝，进入一种心流体验的感受之中。媒体内容与受众的现实生活置身于向往的世外桃源，满足了受众的审美需求。心流体验的相关研究表明，当媒体内容符合受众的现实生活时，受众的沉浸感会更强，接受视频博主的推荐和生活方式程度更高，从而更易于激发其购买意愿和冲动消费行为。随着短视频内容形式的不断垂直细分，视频博主与受众的现实生活相似时，受众的浸入感越强烈，接受视频博主的推荐和生活方式程度更高，从而更易于激发其购买意愿和冲动消费行为。

　　第三，消费者的准社会互动行为强度对于视频博主来说，主要的商业价值体现在于消费者的黏性，而黏性的程度主要取决于消费者对其视频的反应、互动和认同。公司邀请视频博主做品牌营销，主要希望视频博主带来销售数据上的增长。如果视频博主的内容无法引起受众的关注，没有观众对博主发布的日常分享和内容感兴趣，就无法发挥视频博客营销的作用，跟普通人发布的日常分享没有区别。本书研究发现，准社会互动在视频博主的外在吸引力和态度同质性对消费者的购买意愿和心流体验之间起中介作用，其中在视频博主的外在吸引力对消费者的购买意愿之间起完全中介作用,视频博主的态度同质性对消费者的心流体验起部分中介作用。因此,视频博主与受众之间的外在吸引和情绪共鸣是建立长期准社会互动的前提,要想实现商业价值最大化,博主需要持续分析有价值的视频内容增加与消费者的准社交互动频率,增强用户黏性。首先,视频博主在进行视频博客营销时,要围绕产品与自身的特征进行有目的的创作,注重对视频博客内容的专业性把控,如美妆类视频博主具备前沿的美妆知识,迭代技巧且形成具有独特风格的美妆内容输出,让消费者产生观看的长期信任感和亲密感,对博主的推荐产品有较强的购买意向;其次,回复受众的评论或通过视频口播回复粉丝的提问都会加强准社会互动关系的信任感,通过频率较高的在线互动,建立"友谊"关系;最后,在遵守行业规则的前提下,凸显个人的个性化创作,产出趣味性强的视频博客,借用热门话题吸引新粉丝的关注,深入洞察受众的需求,从情感角度激发共情,持续产出受众喜爱的视频内容,持续增加粉丝数量,实现流量的商业转化。

7.3 研究局限与展望

7.3.1 研究局限

本书以准社会互动、购买意愿及心流体验为理论基础,围绕视频博主属性特征对消费者购买意愿、心流体验、感知共情以及冲动消费影响这一问题展开研究,基于已有文献基础,提出并验证了消费者与视频博主之间的准社会互动如何影响消费者的冲动消费行为的机理。尽管在整个研究过程中力求严谨规范，但由于个人学术研究能力有限，本书还存在如下局限：

第一，在变数选取方面。本书仅选取了视频博主的外在吸引力、社会吸引力以及态度同质性对准社会互动的影响进行研究，尚未涉及受众的属性特征，例如受众的动机、性别及个体局限等方面的考虑，因此变量选取还不够完善。

第二，在研究方法方面。本书采用问卷调查方式收集研究样本，该方法虽然通过李克特 5 级量表测量了受众的态度程度，例如：视频博主的特征对消费者购买意愿、心流体验及冲动消费的影响，但填写问卷时被是基于调查者观看视频博客经历的回忆，回忆具有一定的不准确性，由于受访者填写问卷时的情境无法控制，可能会导致受访者填写问卷的选项与真实发生的情况产生偏差，这可能会在一定程度上影响调查结果的准确性。

第三，在消费者的心理方面。本书引入了消费者心理学领域的感知真实性作为调节变量进行研究，试图揭示感知真实性对准社会互动与消费者购买意愿及心流体验是否产生调节作用。但忽略了感知共情、信任、沉浸感等消费者心理情绪对消费者购买意愿和心流体验的影响作用，不同情感因素可能会对消费者的冲动消费行为产生不同的影响。

7.3.2 研究展望

本书的研究成果丰富了现有的社交电商和冲动消费的研究成果，而且启发了短视频内容创造者。尽管如此，一些额外的因素可以做出进一步改善和完成目前的研究。具体而言，在未来的研究中可以考虑在如下方面做进一步的研究延伸：

第一，增加新变量。本书主要通过对国内外相关文献的梳理和分析，归纳出三个视频博主的特质对准社会互动进行研究，未来研究可进一步对视频博主的特质进行划分，加入互动性、专业性、传播动机等多个维度对准社会互动的前因变量进行研究，进一步丰富和完善准社会互动理论，为社交电商企业和短视频内容创作者提供有价值的理论依据和优化建议。

第二，将实验法与问卷调查法相结合。因考虑到本书的数据收集时间成本及便利性问题，问卷主要通过微信、腾讯QQ及邮件方式收集数据，被调查者通过问卷星生成的海报二维码或问卷地址参与调查，这使调查样本的随机性存在一定的局限性。未来研究在发放问卷时，应投入更多时间和精力，做到调查样本的随机抽取。同时可采用问卷调查法与实验法相结合的研究方法，通过实验法进一步准确地研究消费者心理变量对冲动消费行为的影响，加入新的心理变量进一步拓宽准社会互动及冲动消费理论的研究边界，提升研究结论的准确性及可信度。

第三，增加消费者心理学的新调节变量。消费者的冲动购买行为受到多种心理因素的影响，本书采用的心流体验和感知真实性只是众多心理影响因素之一，除此之外，消费者的冲动购买行为还会受到其他中介变量和调节变量的影响。未来研究中可增加感知共情、感知价值等不同情感变量。因此，后续的研究可探索更多其他变量，探索其是否存在中介变量和调节变量的影响。

参考文献

[1] Ajzen, I., & Fishbein, M. (1970). The prediction of behavior from attitudinal and normative variables. Journal of Experimental Social Psychology, 6 (4), 466-487.

[2] Ajzen, B. L. Driver. (1991). Prediction of participation from behavior, normative and control beliefs: An application of the theory of planned behavior. Leisure Science, 13, 185-200.

[3] Audrezet, A., de Kerviler, G., & Moulard, J. G. (2020). Authenticity under threat: When social media influencers need to go beyond self-presentation. Journal of business research, 117, 557-569.

[4] Babrow, & Austin, S. (1987). Student motives for watching soap operas. Journal of Broadcasting & Electronic Media, 31 (3), 309-321.

[5] Bagozzi, R. P., & Burnkrant, R. E. (1978). Attitude organization and the attitude-behavior relationship. Journal of Personality & Social Psychology, 37 (6), 913-929.

[6] Bandura, A. (1986). Social foundations of thought and action: A social cognitive theory/Albert Bandura, 37-38.

[7] Beatty, S. E., & Ferrell, M. E. (1998). Impulse buying: Modeling its precursors. Journal of Retailing, 74 (2), 169-191.

[8] Berry, L. L., Conant, J. S., & Parasuraman, A. (1991). A framework for conducting a services marketing audit. Journal of the Acade-

my of Marketing Science, 19 (3), 255-268.

[9] Biel, A. L., & Bridgwater, C. A. (1990). Attributes of likable television commercials. Journal of Advertising Research, 30 (3), 38-44.

[10] Chang, C. C. (2013). Examining users' intention to continue using social network games: A flow experience perspective. Telematics and Informatics, 30 (4), 311-321.

[11] Chang, H. H., Lu, Y. Y., & Lin, S. C. (2019). An elaboration likelihood model of consumer respond action to facebook second-hand ketplace: Impulsiveness as a moderator-science Information & Management. DOI: 10.1016/j.im.103171.

[12] Chang, H. J., Yan, R. N., & Eckman, M. (2014). Moderating effects of situational characteristics on impulse buying. International Journal of Retail & Distribution Management, 42 (4), 79-84.

[13] Chen, R., Sharma, S. K., & Rao, H. R. (2016). Members' site use continuance on facebook: Examining the role of relational capital. Decision Support Systems, 90 (oct.), 86-98+8.

[14] Chin W. W. (1998). The partial least squares approach to structural equation modeling. Modern methods for business research, 295 (2), 295-336.

[15] Choi, W., & Lee, Y. (2019). Effects of fashion vlogger attributes on product attitude and content sharing. Fashion and Textiles, 6 (1), 16-18.

[16] Choi, D., & Kim, J. (2004). Why people continue to play online games: In search of critical design factors to increase customer loyalty

to online contents. CyberPsychology & Behavior, 7 (1), 11-24.

[17] Chung, S., & Cho, H. (2017). Fostering parasocial relationships with celebrities on social media: Implications for celebrity endorsement. Psychology & Marketing, 34 (4), 481-495.

[18] Cohen, A. (2009). Individual values and the work/family interface: An examination of high tech employees in israel. Journal of Managerial Psychology, volume 24 (7-8), 814-832.

[19] Cohen, E. L., & Tyler, W. J. (2016). Examining perceived distance and personal authenticity as mediators of the effects of ghost-tweeting on parasocial interaction. Cyberpsychology, Behavior, and Social Networking, 19 (5), 342-346.

[20] Cole, T., & Leets, L. (1999). Attachment styles and intimate television viewing: Insecurely forming relationships in a parasocial way. Journal of Social & Personal Relationships, 16 (4), 495-511.

[21] Conway, J. C., & Rubin, A. M. (1991). Psychological predictors of television viewing motivation. Communication Research, 18 (4), 443-463.

[22] Csikszentmihalyi, M. (1991). Flow: The psychology of optimal experience. Design Issues, 8 (1), 93-94.

[23] Csikszentmihalyi, M. (1975). Play and intrinsic rewards. Journal of Humanistic Psychology, 15 (3), 41-63.

[24] Dibble, J. L., Hartmann, T., & Rosaen, S. F. (2016). Parasocial interaction and parasocial relationship: Conceptual clarification and a critical assessment of measures. Human Communication Research, 42 (1), 165-175.

[25] Dijksterhuis, A., Bos, M. W., Nordgren, L. F., & Van Baaren, R. B. (2006). Supporting Online Material for: On making the right choice: The deliberation-without-attention effect.

[26] Dodds, & William, B. (1991). In search of value: How price and store name information influence buyers' product perceptions. Journal of Services Marketing, 5 (3), 27-36.

[27] Dodds, W. B., Monroe, K. B., & Grewal, D. (1991). Effects of price, brand, and store information on buyers' product evaluations. Journal of Marketing Research, 28 (3), 307-319.

[28] Duffy, B. E., & Pruchniewska, U. (2017). Gender and self-enterprise in the social media age: A digital double bind. Information, Communication & Society, 20 (6), 843-859.

[29] Eyal, K., & Rubin, A. M. (2003). Viewer aggression and homophily, identification, and parasocial relationships with television characters. Journal ofBroadcasting & Electronic Media, 47 (1), 77-98.

[30] Faber, D. S., Young, W. S., Legendre, P., & Korn, H. (1992). Intrinsic quantal variability due to stochastic properties of receptor-transmitter interactions. Science, 258 (5087), 1494-1498.

[31] Fan, Q., Lee, J. Y., & Kim, J. I. (2013). The impact of web site quality on flow-related online shopping behaviors in c2c e-marketplaces: A cross-national study. Managing Service Quality, 23 (5), 364-387.

[32] Fishbein, M. A., & Ajzen, I. (1975). Belief, attitude, intention and behaviour: An introduction to theory and research, 521-562.

[33] Fisher, R. R. J. (1995). Normative influences on impulsive

buying behavior. Journal of Consumer Research, 22 (3), 305-313.

[34] Fishhein, I. Ajzen. (1975). Taking and information handling in consumer behavior. Boston: Graduate School of Business Administration, Harward University, 176-210.

[35] Floh, A., & Madlberger, M. (2013). The role of atmospheric cues in online impulse-buying behavior. Electronic Commerce Research & Applications, 12 (1-6), 425-439.

[36] Fornell, C. Larcker D. F. (1981). Evaluating structural equation models with unobservable variables and measurement. Journal of marketing research, 18 (1), 39-50.

[37] Frederick, E. L., Lim, C. H., Clavio, G., & Walsh, P. (2012). Why we follow: An examination of parasocial interaction and fan motivations for following athlete archetypes on twitter. International Journal of Sport Communication, 5 (4), 481-502.

[38] Frijda, N. H. (2010). Impulsive action and motivation. Biological Psychology, 84 (3), 570-579.

[39] Gardner, W. L., Pickett, C. L., & Knowles, M. (2005). Social snacking and shielding: Using social symbols, selves, and surrogates in the service of belonging needs, 227-241.

[40] Gefen, D., & Straub, D. W. (2004). Consumer trust in b2c e-commerce and the importance of social presence: Experiments in e-products and e-services. Omega, 32 (6), 407-424.

[41] Ghani, J. A., Supnick, R., & Rooney, P. (1991). The experience of flow in computer-mediated and in face-to-face groups. Proceedings of the International Conference on Information Systems, ICIS 1991, December

16-18, (1991). New York, NY, USA. University of Minnesota.

[42] Ghani, J. A., & Deshpande, S. P. (1994). Task characteristics and the experience of optimal flow in human—computer interaction. Journal of Psychology, 128 (4), 381-391.

[43] Gong, W., & Li, X. (2017). Engaging fans on microblog: The synthetic influence of parasocial interaction and source characteristics on celebrity endorsement. Psychology & Marketing, 34 (7), 720-732.

[44] Gotlieb, J. B., & Dan, S. (1992). The influence of type of advertisement, price, and source credibility on perceived quality. Journal of the Academy of Marketing Science, 20 (3), 253-260.

[45] Grange, C., & Benbasat, I. (2010). Online social shopping: The functions and symbols of design artifacts. Hawaii International Conference on System Sciences. IEEE Computer Society.

[46] Grayson, K., & Martinec, R. (2004). Consumer perceptions of iconicity and indexicality and their influence on assessments of authentic market offerings. Journal of consumer research, 31 (2), 296-312.

[47] Greenwood, D. N., & Long, C. R. (2009). Psychological predictors of media involvement. Communication Research, 36 (5), 637-654.

[48] Hair, J. F., Ringle, C. M., Sarstedt, M. (2011). PLS-SEM: Indeed a silver bullet. Journal of Marketing theory and Practice, 19 (2), 139-152.

[49] Henseler, Jrg, Hubona, Geoffrey, Ray, & Pauline. (2016). Using pls path modeling in new technology research: Updated guidelines. Industrial Management & Data Systems, 116 (1), 2-20.

[50] Hartmann, T. , & Goldhoorn, C. (2011). Horton and wohl revisited: Exploring viewers' experience of parasocial interaction. Journal of Communication, (6), 1104-1121.

[51] Hausman, A. (2000). A multi-method investigation of consumer motivations in impulse buying behavior. Journal of Consumer Marketing, 17 (5), 403-426.

[52] Hausman, A. V., & Siekpe, J. S. (2009). The effect of web interface features on consumer online purchase intentions. Journal of Business Research, 62 (1), 5-13.

[53] Hetsroni, A., & Tukachinsky, R. H. (2010). Television-world estimates, real-world estimates, and television viewing: A new scheme for cultivation. Journal of Communication, 56 (1), 133-156.

[54] Hoffman, D. L., & Novak, T. P. (1996). Marketing in hypermedia computer-mediated environments: Conceptual foundations. Journal of Marketing, 60 (3), 50-68.

[55] Hoffman, M. L. (2000). Empathy and moral development: Implications for socialization and moral education.

[56] Hoffman, M. L. (1973). Empathy, role-taking, guilt, and development of altruistic motives. B Puka Reaching Out Caring Altruism & Prosocial Behavior, 69.

[57] Hoffner, C., & Cantor, J. (1991). Perceiving and responding to mass media characters, 63-101.

[58] Horton, D., & Strauss, A. (1957). Interaction in audience-participation shows. American Journal of Sociology, 62 (6), 579-587.

[59] Horton, D., & Wohl, R. R. (1956). Mass communication

and para-social interaction: Observations on intimacy at a distance. Psychiatry interpersonal & Biological Processes, 19 (3), 215-229.

[60] Hsu, C. L. (2020). How vloggers embrace their viewers: Focusing on the roles of para-social interactions and flow experience. Telematics and Informatics, 49, 101364.

[61] Hsu, C., Chang, K., & Chen, M. (2012). Flow experience and internet shopping behavior: Investigating the moderating effect of consumer characteristics. Systems Research and Behavioral Science, 29 (3), 317-332.

[62] Huang, Y., & Chung, J. Y. (2004). A web services-based framework for business integration solutions. Electronic Commerce Research & Applications, 2 (1), 15-26.

[63] Hwang, K., & Zhang, Q. (2018). Influence of parasocial relationship between digital celebrities and their followers on followers' purchase and electronic word-of-mouth intentions, and persuasion knowledge. Computers in Human Behavior, 155-173.

[64] Jarvenpaa, S. L., & Todd, P. A. (1996). Consumer reactions to electronic shopping on the world wide web. International Journal of Electronic Commerce, 1 (2), 59-88.

[65] Jin, S. V., & Ryu, E. (2020). €i 'll buy what she's# wearing €: The roles of envy toward and parasocial interaction with influencers in instagram celebFrity-based brand endorsement and social commerce. Journal of Retailing and Consumer Services, 55.

[66] Kaplan, A. M., & Haenlein, M. (2010). Users of the world, unite! The challenges and opportunities of Social Media. Business

horizons, 53 (1), 59-68.

[67] Karat, C. M., Karat, J., Vergo, J., Pinhanez, C., Riecken, D., & Cofino, T. (2002). That's entertainment! Designing streaming, multimedia web experiences. International Journal of Human Computer Interaction, 14 (34), 369-384.

[68] Karina Sokolova, K., & Hajer Kefi. (2020) Instagram and YouTube bloggers promote it, why should I buy? How credibility and parasocial interaction influence purchase intentions [J]. Journal of Retailing and Consumer Services, 53.

[69] Katerattanakul, & Pairin. (2002). Framework of effective web site design for business-to-consumer internet commerce. Information Systems & Operational Research, 40 (1), 57-70.

[70] Kaufman-Scarborough, C., & Cohen, J. (2004). Unfolding consumer impulsivity: An existential-phenomenological study of consumers with attention deficit disorder. Psychology & Marketing, 21 (8), 637-669.

[71] Kelman, H. R. (1958). Social work and mental retardation: Challenge or failure? Social Work, 3 (3), 37-42.

[72] Kim, K., & Baker, M. A. (2017). The impacts of service provider name, ethnicity, and menu information on perceived authenticity and behaviors. Cornell Hospitality Quarterly, 58 (3), 312-318.

[73] Kim, Y. Y., Oh, S., & Lee, H. (2005). What makes people experience flow? social characteristics of online games. International Journal of Advanced Media & Communication, 1 (1), 76-92.

[74] Kjeldgaard, D., & Bengtsson, A.. (2005). Forming parasocial relationships in online communities. Advances in Consumer Re-

search, 270 (29), 17.

[75] Klimmt, C., Hartmann, T., & Schramm, H. (2006). Parasocial interactions and relationships. Psychology of entertainment, 291-313.

[76] Ko H C. (2018). Social desire or commercial desire? The factors driving social sharing and shopping intentions on social commerce platforms. Electronic Commerce Research and Applications, (28), 1-15.

[77] Korzaan, M. L., & Boswell, K. T. (2008). The influence of personality traits and information privacy concerns on behavioral intentions. Journal of Computer Information Systems, 48 (4), 15-24.

[78] Koufaris, & Marios. (2002). Applying the technology acceptance model and flow theory to online consumer behavior. Information Systems Research, 13 (2), 205-223.

[79] Kruglanski, A. W., Raviv, A., & Bar, D. (2005). Says who?: Epistemic authority effects in social judgment. Advances in Experimental Social Psychology, (37), 345-392.

[80] Kurtin, K. S., O'Brien, N., Roy, D., & Dam, L. (2018). The development of parasocial interaction relationships on youtube, (1), 233-252.

[81] L. Jozee. (2000). Customer operceived palue in industrial contexts. Journal of Business & Industrial Marketing, 15 (2), 122-140.

[82] Labrecque, L. I. (2014). Fostering consumer-brand relationships in social media environments: The role of parasocial interaction. Journal of Interactive Marketing, 28 (2), 134-148.

[83] Lafferty, B. A., Goldsmith, R. E., & Newell, S. J. (2002). The dual credibility model: The influence of corporate and endorser credi-

bility on attitudes and purchase intentions. Journal of marketing theory and practice, 10 (3), 1-11.

[84] Larose, R., & Eastin, M. S. (2002). Is online buying out of control? Electronic commerce and consumer self-regulation. Journal of Broadcasting & Electronic Media, 46 (4), 549-564.

[85] Lee, J. E., & Watkins, B. (2016). Youtube vloggers' influence on consumer luxury brand perceptions and intentions. Journal of Business Research, 5753-5760.

[86] Lee, K., Lee, Y., Lee, H., & Yim, K. (2016). [ieee 2016 10th international conference on innovative mobile and internet services in ubiquitous computing (imis) -fukuoka, japan (2016.7.6-2016.7.8)] 2016 10th international conference on innovative mobile and internet services in ubiquitous computing (imis) —a brief review on jtag security, 486-490.

[87] Leung, L. (2001). Gratifications, chronic loneliness and internet use. Asian Journal of Communication, 11 (1), 96-119.

[88] Liang, T. P., & Turban, E. (2011). Introduction to the special issue social commerce: A research framework for social commerce. International Journal of electronic commerce, 16 (2), 5-14.

[89] Liang, T. P., Ho, Y. T., Li, Y. W., & Turban, E. (2011). What drives social commerce: The role of social support and relationship quality. International Journal of Electronic Commerce, (2), 69-90.

[90] Sokolova, K., & Kefi, H. (2020). Instagram and YouTube bloggers promote it, why should I buy? How credibility and parasocial interaction influence purchase intentions. Journal of retailing and consumer

· 125 ·

services, (53), 101742.

[91] Lim, Y. S., & Van Der Heide, B. (2015). Evaluating the wisdom of strangers: The perceived credibility of online consumer reviews on Yelp. Journal of Computer-Mediated Communication, 20 (1), 67-82.

[92] Liu, M. T., Liu, Y., & Zhang, L. L. (2019). Vlog and brand evaluations: The influence of parasocial interaction. Asia Pacific Journal of Marketing and Logistics, (2), 304-313.

[93] Lu, M., Chen, H., & Lv, S. (2018). Streaming media live broadcast method, system, and apparatus. WO2018232800A1.

[94] Madhavaram, S. R., & Laverie, D. A. (2004). Exploring impulse purchasing on the internet. Advances in consumer research. Association for Consumer Research (U. S.), 31 (1).

[95] Massimini, F., & Carli, M. (1988). The systematic assessment of flow in daily experience. Cambridge University Press.

[96] Mccormick, K. (2016). Celebrity endorsements: Influence of product-endorser match on millennials attitudes and purchase intentions. Journal of Retailing and Consumer Services, (32), 39-45.

[97] Mccroskey, J., & Teven, J. (1999). Goodwill: A reexamination of the construct and its measurement. Communication Monographs, 66 (1), 90-103.

[98] McCroskey, J. C., Richmond, V. P., & Daly, J. A. (1975). The development of a measure of perceived homophily in interpersonal communication. Human Communication Resarch, 4, 323-332.

[99] Mehrabian, A., & Russell, J. A. (1974). An approach to environmental psychology. MIT.

[100] Morwitz, V. G., Johnson, E. J., & Schmittlein, D. C. (1993). Does measuring intent change behavior?. Journal of Consumer Research, 20 (1), 46-61.

[101] Moyer-Guse, E., & Nabi, R. L. (2010). Explaining the effects of narrative in an entertainment television program: Overcoming resistance to persuasion. Human Communication Research, (36), 26-52.

[102] Mullet, E. (1992). The probability utility rule in attractiveness judgments of positive gambles. Organizational Behavior & Human Decision Processes, 52 (2), 246-255.

[103] Nordlund, & J. -E. (1978). Media interaction. Communication Research, 5 (2), 150-175.

[104] Novak, T. P., Hoffman, D. L., & Yung, Y. F. (2000). Measuring the customer experience in online environments: A structural modeling approach. Marketing Science, 19 (1), 22-42.

[105] Ohanian, R. (1990). Construction and validation of a scale to measure celebrity endorsers' perceived expertise, trustworthiness, and attractiveness. Journal of Advertising, 19 (3), 39-52.

[106] Parboteeah, D. V., Valacich, J. S., & Wells, J. D. (2009). The influence of website characteristics on a consumer's urge to buy impulsively. Information Systems Research, 20 (1), 60-78.

[107] Perse, E. M., & Rubin, A. M. (1988). Audience activity and satisfaction with favorite television soap opera. The journalism quarterly, 65 (2), 368-375.

[108] Perse, E. M., & Rubin, A. M. (1990). Chronic loneliness and television use. Journal of Broadcasting & Electronic Media, 34 (1),

37-53.

[109] Perse, E. M., & Rubin, R. B. (1989). Attribution in social and parasocial relationships. Communication Research, 16 (1), 59-77.

[110] Privette, G. (1983). Peak experience, peak performance, and flow: A comparative analysis of positive human experiences. Journal of Personality & Social Psychology, 45 (6), 1361-1368.

[111] Rogers, E. M., & Bhowmik, D. K. (1970). Homophily-heterophily: Relational concepts for communication research. Public Opinion Quarterly, 34 (4), 523-538.

[112] Rook, D. W. (1987). Buying impulse journal of consumer research oxford academic. Journal of Consumer Research, 14 (2), 189-199.

[113] Rook, D. W., & Hoch, S. J. (1985). Consuming impulses. Advances in Consumer Research, 12 (3), 23-27.

[114] Rubin A M, Perse E M, Powell R A. et al. (1985). Loneliness, para-social interaction, and local television news viewing. Human Communication Research, 12 (2), 155-180.

[115] Rubin, R. B., & Mchugh, M. P. (1987). Development of parasocial interaction relationships. Journal of Broadcasting & Electronic Media, 31 (3), 279-292.

[116] Rubin, R. B., Rubin, A. M., Manusov, V., & Harvey, J. H. (2001). Through instagram influencers: The impact of number of followers and product divergence on brand attitude. International Journal of Advertising, 36 (1), 1-31.

[117] Rubin, A. M. (2010). Ritualized and instrumental television viewing. Journal of Communication, 34 (3), 67-77.

[118] Schramm, H., & Hartmann, T. (2008). The psi-process scales a new measure to assess the intensity and breadth of parasocial processes. Communications, 33 (4), 385-401.

[119] See-To, E. W. K., & Ho, K. K. W. (2014). Value co-creation and purchase intention in social network sites: The role of electronic word-of-mouth and trust-a theoretical analysis. Computers in Human Behavior, 31 (4), 182-189.

[120] Senecal, S., & Nantel, J. (2002). Online influence of relevant others: A framework, 12-13.

[121] Sg, A., Fv, B., Lt, C., & Cw, D. (2013). Managing brands in the social media environment. Journal of Interactive Marketing, 27 (4), 242-256.

[122] Shimp, T. A. (2007). Integrated Marketing Communications in Advertising and Promotion-7/E. Thomson/South-Western. Sonder gaard Helle Alsted, Grunert Klaus G., Scholderer Joachim. Consumer attitudes to enzymes in food producti on. Tr ends i n Food Sci ence & Technol ogy. 2005 (16): 466-474.

[123] Simpson, J. A., Rholes, W. S., & Nelligan, J. S. (1992). Support seeking and support giving within couples in an anxiety-provoking situation: The role of attachment styles. Journal of Personality and Social Psychology, 62 (3), 434-446.

[124] Skandrani, H., Ladhari, R., & Massa, E. (2020). Youtube vloggers' popularity and influence: The roles of homophily, emotional attachment, and expertise. Journal of Retailing and Consumer Services, 54 (5).

[125] Smith, C. P., (1992). Motivation and personality (handbook of thematic content analysis) the affiliation motive, (13), 205-210.

[126] Sokolova, K., & Kefi, H. (2019). Instagram and youtube bloggers promote it, why should i buy? How credibility and parasocial interaction influence purchase intentions. Journal of Retailing and Consumer Services, 469-479.

[127] Stern, Barbara, Russell, Antonia, C., & Dale, W. (2007). Hidden persuasions in soap operas: Damaged heroines and negative consumer effects. International Journal of Advertising, 9-36.

[128] Stern, H. (1962) The Significance of Impulse Buying Today. Journal of Marketing, (26), 59-62.

[129] Stever, G. S. (2017). Parasocial theory: Concepts and measures. John Wiley & Sons, 112-125.

[130] Stever, G. S., & Lawson, K. (2013). Twitter as a way for celebrities to communicate with fans: Implications for the study of para-social interaction. North American Journal of Psychology, 15 (2), 339-354.

[131] Strack, F., Werth, L., & Deutsch, R. (2004). Reflective and impulsive determinants of social behavior. Journal of Consumer Psychology, 16 (3), 205-216.

[132] Sukhdial, A. (2002). Journal of advertisng research. Journal of Advertising Research, Are You Old School (July/August 2002), 71.

[133] Tangeland, T., Aas, & Odden, A. (2013). The socio-demographic influence on participation in outdoor recreation activities-implications for the norwegian domestic market for nature-based tourism. Scandinavian Journal of Hospitality & Tourism, 13 (3), 190-207.

[134] Tao, Z. (2013). An empirical examination of the determinants of mobile purchase. Personal and Ubiquitous Computing, 17 (1), 187-195.

[135] Ted, Smith, James, R., Coyle, & Elizabeth, et al. (2007). Reconsidering models of influence: The relationship between consumer social networks and word-of-mouth effectiveness. Journal of Advertising Research, 47 (4), 387-397.

[136] Teo, H. H., Chan, H. C., Wei, K. K., & Zhang, Z. (2003). Evaluating information accessibility and community adaptivity features for sustaining virtual learning communities. International Journal of Human-Computer Studies, 59 (5), 671-697.

[137] Thomas, J., Johnson, Barbara, K., & Kaye, et al. (2007). Every blog has its day: Politically-interested internet users' perceptions of blog credibility. Journal of Computer-Mediated Communication, 13 (1), 100-122.

[138] Tiwana, A., & Bush, A. A. (2005). Continuance in expertise-sharing networks: A social perspective. IEEE Transactions on Engineering Management, 52 (1), 85-101.

[139] Trevino, L. K., & Webster, J.. (1992). Flow in computer-mediated communication. IEEE Technology & Society Magazine, 4 (1), 3-6.

[140] Tsiotsou, R. H. (2015). The role of social and parasocial relationships on social networking sites loyalty. Computers in Human Behavior, 48 (7), 401-414.

[141] Turner, & John, R. (1993). Interpersonal and psychologi-

cal predictors of parasocial interaction with different television performers. Communication Quarterly, 41 (4), 443-453.

[142] Valarie, A., & Zeithaml (1988). Consumer perceptions of price, quality, and value: A means-end model and synthesis of evidence. Journal of Marketing, 52 (3), 2-22.

[143] Veirman, M. D., Cauberghe, V., & Hudders, L. (2016). Marketing through instagram influencers: The impact of number of followers and product divergence on brand attitude. International Journal of Advertising, 36 (1), 1-31.

[144] Verhagen, T., & Dolen, W. V. (2011). The influence of online store beliefs on consumer online impulse buying: A model and empirical application. Information & Management, 48 (8), 320-327.

[145] Extavour, C., & Wessel, G. (2008). Vasa protein expression is restricted to the small micromeres of the sea urchin, but is inducible in other lineages early in development. Developmental biology, 314 (2), 276-286.

[146] Vries, N., & Carlson, J. (2014). Examining the drivers and brand performance implications of customer engagement with brands in the social media environment. Journal of Brand Management, 21 (6), 495-515.

[147] Wang, C., & Ping, Z. (2012). The evolution of social commerce: the people, management, technology, and information dimensions. Communications of the Association for Information Systems, 31 (5), 105-127.

[148] Vries, L. D., Gensler, S., & Leeflang, P. S. H. (2012).

Popularity of brand posts on brand fan pages: An investigation of the effects of social media marketing. Journal of Interactive Marketing, 26 (2), 83-91.

[149] Waitt, G. (2000) . Consuming heritage: Perceived historical authenticity. Annals of Tourism Research.

[150] Webster C (1991) Influences upon consumer expectations of services. J Serv Mark, 5 (1): 5-17.

[151] Wellman, M. L., Stoldt, R., Tully, M., & Ekdale, B. (2020) . Ethics of authenticity: Social media influencers and the production of sponsored content. Journal of Media Ethics, 35 (2), 68-82.

[152] Wells, J. D., Parboteeah, D. V., & Valacich, J. S. (2011). Research article online impulse buying: Understanding the interplay between consumer impulsiveness and website quality. Journal of the Association for Information Systems, 12 (1) .

[153] Wood, M. (1998) . Socio-economic status, delay of gratification, and impulse buying. Journal of Economic Psychology, 19 (3), 295-320.

[154] Wu, J. H., Chang, Y. T., & Li, Q. (2019) . The investigation of hedonic consumption, impulsive consumption and social sharing in e-commerce live-streaming videos, 43.

[155] Wu, P. C. S., Yeh, Y. Y., & Hsiao, C. R. (2011) . The effect of store image and service quality on brand image and purchase intention for private label brands. Australasian marketing journal, 19.

[156] Xiang, L., Zheng, X., Lee, M., & Zhao, D. (2016). Exploring consumers' On making the right choice: The deliberation-with-

out-attention effect. Science, (311: 5763), 1005-1007.

[157] Yuksel, M., & Labrecque, L. I. (2016). "Digital buddies": Parasocial interactions in social media. Journal of Research in Interactive Marketing, 10 (4), 305-320.

[158] Zhang, Y., & Shrum, L. J. (2009). The influence of self-construal on impulsive consumption. Journal of Consumer Research, 35 (5), 838-850.

[159] Zhao, H., & Benyoucef, M. (2013). From e-commerce to social commerce: A close look at design features. Electronic Commerce Research and Applications, 12 (4), 246-259.

[160] 包敦安, 董大海. (2010). 交易小区环境下的类社会互动关系的测量及实证检验. 软科学, 24 (5), 6.

[161] 蔡雯. (2011). 从面向"受众"到面对"用户"——试论传媒业态变化对新闻编辑的影响. 国际新闻界, 33 (5), 5.

[162] 曹丽, 尤颖. (2012). 消费者负面口碑传播动机及其对企业营销创新的启示. 价值工程, 31 (14), 2.

[163] 陈洁, 丛芳, 康枫. (2009). 基于心流体验视角的在线消费者购买行为影响因素研究. 南开管理评论, (2), 132-140.

[164] 第49次《中国互联网络发展状况统计报告》发布. 中国互联网络信息中心网, [2022-02-25]. http://www.cnnic.cn/hlwfzyj.htm.

[165] 方建移, 葛进平, 章洁. (2006). 缺陷范式抑或通用范式——准社会交往研究述评. 新闻与传播研究, 13 (3), 5.

[166] 方建移. (2009). 受众准社会交往的心理学解读. 国际新闻界, (4), 50-53.

[167] 方正．（2007）．产品伤害危机应对方式对顾客感知危险的影响——基于中国消费者的实证研究．经济体制改革，（3），4．

[168] 冯建英，穆维松，傅泽田．（2006）．消费者的购买意愿研究综述．现代管理科学，（11），3．

[169] 江若尘，徐冬莉，严帆．（2013）．网络团购中感知风险对信任及购买意愿的影响．现代财经：天津财经大学学报，（1），10．

[170] 姜燕，姜磊．（2021）．移动电商环境对消费者冲动性购买行为的影响——兼谈"电商造节"常态化．商业经济研究，（3），8．

[171] 李帮儒，郭瑞．（2019）．视频博客发展的内外动因与思考．新闻爱好者，（8），4．

[172] 李慢，马钦海，赵晓煜．（2014）．网络服务场景对顾客行为意向的作用机理研究：初始信任的视角．营销科学学报，（2），15．

[173] 李骁楠．（2014）．网络视频社交行为研究．西南交通大学．

[174] 李志飞．（2007）．体验活动对冲动性购买行为的影响：情感反应视角．心理科学，30（3），4．

[175] 刘旸．（2017）．心流体验对在线消费者购买行为影响研究述评．金融经济：下半月，（3），3．

[176] 刘振华．（2017）．感知价值对不同互补品购买意愿的影响——核心产品品牌形象的调节作用．商业经济研究，（24），4．

[177] 马龙龙．（2011）．企业社会责任对消费者购买意愿的影响机制研究．管理世界，3．

[178] 潘婷．（2015）．品牌微博与浏览者类社会互动对品牌关系的影响研究．市场研究，（4），4．

[179] 邱蕾．（2009）．社会化媒体对消费者购买意愿的影响研

究．江西财经大学．

[180] 沙振权，周丹婷．（2013）．基于微博的企业家与粉丝类社会互动研究．工业工程与管理，18（5），7.

[181] 沈琪．（2020）．网红营销中追随条件对购买意愿的影响机制研究．山东大学．

[182] 王崇，陈大峰．（2021）．O2O模式下消费者购买决策影响因素社群关系研究，（1），110-119.

[183] 王澜淇．（2013）．基于心流体验的网络消费行为模型分析．心理技术与应用，（3），3.

[184] 王丽芳．（2005）．论信息不对称下产品外部线索对消费者购买意愿的影响．消费经济，21（1），2.

[185] 王庆森．（2008）．基于网站特性与消费者个体特征的网络冲动性购买研究．浙江大学．

[186] 巫月娥．（2015）．网络正面口碑与品牌信任和重复购买意愿的关系研究．南京邮电大学学报（社会科学版），17（2），9.

[187] 吴梦丽．（2020）．网络互动对微信团购社群购买意愿的影响．合作经济与科技，（1），5.

[188] 许水平，尹继东．（2014）．企业创新障碍国外研究文献述评．科技管理研究，34（7），6.

[189] 闫茗．（2013）．C2C网络购物环境下消费者感知风险对购买意愿影响的实证研究．辽宁大学．

[190] 于丽萍，夏志杰，王冰冰．（2014）．在线评论对消费者网络购买意愿影响的研究．现代情报，34（11），5.

[191] 俞林，孙明贵．（2016）．消费者焦虑、怀旧消费与购买意愿研究综述．技术经济与管理研究，（3），6.

[192] 袁登华，高丽丹．（2020）．社交媒体中的准社会互动与营销效能研究．外国经济与管理，42（7），15.

[193] 岳海龙．（2005）．中国城市消费者冲动购买行为的实证研究．武汉大学．

[194] 张洪．（2014）．社会化商务环境下顾客交互行为研究．华中科技大学．

[195] 张启尧，黄婷，彭白静．（2021）．网红直播带货中的购买意愿唤起及其影响机制研究——基于计划行为理论的解释架构．山东商业职业技术学院学报，21（1），6.

[196] 张学睦，王希宁．（2019）．生态卷标对绿色产品购买意愿的影响——以消费者感知价值为中介．生态经济，35（1），6.

[197] 章洁，方建移．（2009）．研究回顾：作为传媒现象的准社会交往．新闻界，（2），19-21.

[198] 赵宏霞，王新海，周宝刚．（2015）．B2C 网络购物中在线互动及临场感与消费者信任研究．管理评论，2（2），43-54.

[199] 赵相忠，商紫慧．（2018）．网络推荐信息对女性消费者购买意愿影响研究．商业研究，（9），8.

[200] 赵彦东，侯曼．（2014）．B2C 网络商店形象、消费者感知与购买行为．现代企业文化，（24），2.

[201] 郑兴．（2019）．电商直播互动类型对消费者冲动性购买意愿的影响研究．重庆工商大学．

[202] 左文明，吴应良，王飞雁，黄秋萍，杨文富．（2010）．B2C 商务网站服务质量评价研究．情报杂志，29（3），5.

附录1

调查问卷

关于视频博主的学术调查问卷

尊敬的女士/先生：本调查关注于社交媒体中视频博主的研究，请以您最关注的某位社交媒体美妆博主为对象，参加本问卷调查。本问卷内容仅用作学术研究，不记录个人信息，衷心感谢您的支持！

1. 您是否关注了某位社交媒体美妆视频博主，并购买过他/她推荐的产品？［单选题］

○是

○否（请跳至问卷末尾，提交答卷）

2. 下列选项中您常看的社交媒体美妆视频博主是？［多选题］

○机智的党妹

○深夜徐老师

○宝剑嫂

○李佳琦 Austin

○千户长生

○小猪姐姐

○程十安

○nya 酱的一生

○原来是西门大嫂

○其他_____

3. 您每天使用社交媒体平台（如微博、小红书、B 站和抖音等）的时长？［单选题］

○小于 1 小时

○1~2 小时

○3~4 小时

○多于 4 小时

4. 您每天观看社交媒体中视频博主的时长？[单选题]

○小于 1 小时

○1~2 小时

○多于 2 小时

5. 您每月网购的频次？[单选题]

○0 次

○1~4 次

○5~9 次

○10 次及以上

接下来的问题都是针对您最关注的这位视频博主，请您回忆观看该博主视频与购物的经历，针对下列陈述句做出最合适的选择（1 表示非常不同意，2 表示不同意，3 表示一般，4 表示同意，5 表示非常同意）。[矩阵量表题]

	1	2	3	4	5
1. 我认为该博主相当漂亮/帅气	○	○	○	○	○
2. 我认为该博主的外表十分有吸引力	○	○	○	○	○
3. 我认为该博主看上去十分有魅力	○	○	○	○	○
4. 如果可以，我希望能和该博主成为朋友	○	○	○	○	○
5. 如果可以，我希望能和该博主见面并友好地聊天	○	○	○	○	○
6. 如果可以，我想要成为像该博主一样的人	○	○	○	○	○
7. 我认为该博主的想法很多与我相似	○	○	○	○	○
8. 我认为该博主的价值观和我相似度很高	○	○	○	○	○
9. 我认为该博主和我有许多共同之处	○	○	○	○	○
10. 我认为该博主是美妆领域的专家	○	○	○	○	○
11. 我认为该博主的工作效率很高	○	○	○	○	○
12. 我认为该博主值得信赖	○	○	○	○	○

续表

	1	2	3	4	5
13. 我认为该博主关心她/他的粉丝	○	○	○	○	○
14. 该博主会定期更新他/她的视频内容	○	○	○	○	○
15. 我期待着观看该博主的视频,阅读他/她的推送内容及评论	○	○	○	○	○
16. 我会在不同的社交媒体平台关注该博主	○	○	○	○	○
17. 我觉得该博主就像我的老朋友	○	○	○	○	○
18. 当该博主告诉我他/她对某品牌的感觉时,这有助于我对这个品牌做出自己的决定	○	○	○	○	○
19. 观看该博主的视频时,我的注意力都集中在视频上	○	○	○	○	○
20. 观看该博主的视频时,我找到了许多乐趣	○	○	○	○	○
21. 观看该博主的视频时,我感觉十分愉悦	○	○	○	○	○
22. 观看该博主的视频时,我觉得毫无乐趣	○	○	○	○	○
23. 我认为该博主的建议是真实的	○	○	○	○	○
24. 在我看来,该博主关于不同产品/服务的视频是真实的	○	○	○	○	○
25. 我认为该博主的意见是可靠的	○	○	○	○	○
26. 在观看视频时,我觉得自己在体验和博主相同的情绪	○	○	○	○	○
27. 在观看视频时,我感到自己很在意博主	○	○	○	○	○
28. 在观看视频时,我被视频的内容所感动	○	○	○	○	○
29. 我会购买该博主推荐的产品/服务	○	○	○	○	○
30. 我会鼓励我身边的人去购买该博主宣传的产品/服务	○	○	○	○	○
31. 我愿意使用视频中出现的产品/服务	○	○	○	○	○
32. 我愿意购买视频中出现的产品/服务	○	○	○	○	○
33. 该博主的视频将会说服我做出购买决定	○	○	○	○	○
34. 当我看到该博主的视频时,我就立即想拥有同款产品/服务	○	○	○	○	○
35. 当我看到该博主的视频时,我产生了强烈的购买意愿	○	○	○	○	○
36. 一看到该视频博主推荐产品/服务,我就觉得是我想要的	○	○	○	○	○
37. 有许多产品/服务之前我本没有计划购买,但因为该博主推荐后就很想购买	○	○	○	○	○

基本信息（我们将对您的匿名回答予以保密，请如实填写）

1. 您的性别［单选题］

○ 女

○ 男

2. 您的年龄［单选题］

○ 20 岁及以下

○ 21~30 岁

○ 31~40 岁

○ 41~50 岁

○ 50 岁以上

3. 您的受教育程度［单选题］

○ 初中及以下

○ 高中/中专

○ 大学本科/专科

○ 硕士及以上

4. 您的职业［单选题］

○ 学生

○ 全职

○ 兼职

○ 未就业

○ 退休

○ 其他_____

5. 您的婚姻状况［单选题］

○ 未婚

○ 已婚

6. 您的平均月收入（学生则为每月可支配消费金额）[单选题]

○1000 元以下

○1000~2999 元

○3000~5999 元

○6000~7999 元

○8000 元及以上

我们将对您的匿名回答予以保密，再次感谢您能填写该调查问卷，祝您度过愉快的一天！

附录2

网络社交媒体平台的相关法律法规

1. 《中华人民共和国电子商务法》

第十七条：电子商务经营者应当全面、真实、准确、及时地披露商品或者服务信息，保障消费者的知情权和选择权。电子商务经营者不得以虚构交易、编造用户评价等方式进行虚假或者引人误解的商业宣传，欺骗、误导消费者。

2. 《中华人民共和国网络安全法》该法于2017年6月1日实施，旨在保护国家网络安全，维护公民合法权益和社会公共利益。它要求网络社交媒体平台加强用户信息保护，确保个人信息的合法获取和使用。此外，该法还要求网络社交媒体平台配合国家的网络安全调查和监管。

第三条：国家坚持网络安全与信息化发展并重，遵循积极利用、科学发展、依法管理、确保安全的方针，推进网络基础设施建设和互联互通，鼓励网络技术创新和应用，支持培养网络安全人才，建立健全网络安全保障体系，提高网络安全保护能力。

第四条：国家制定并不断完善网络安全战略，明确保障网络安全的基本要求和主要目标，提出重点领域的网络安全政策、工作任务和措施。

第五条：国家采取措施，监测、防御、处置来源于中华人民共和国境内外的网络安全风险和威胁，保护关键信息基础设施免受攻击、侵入、干扰和破坏，依法惩治网络违法犯罪活动，维护网络空间安全和秩序。

第四十二条：网络运营者不得泄露、篡改、毁损其收集的个人信息；未经被收集者同意，不得向他人提供个人信息。但是，经过处理无法识别特定个人且不能复原的除外。网络运营者应当采取技术措施和其他必要措施，确保其收集的个人信息安全，防止信息泄露、毁损、丢失。在发生或者可能发生个人信息泄露、毁损、丢失的情况时，应当立即采取补救措施，按照规定及时告知用户并向有关主管部门报告。

第四十四条：任何个人和组织不得窃取或者以其他非法方式获取个人信息，不得非法出售或者非法向他人提供个人信息。

第五十一条：国家建立网络安全监测预警和信息通报制度。国家网信部门应当统筹协调有关部门加强网络安全信息收集、分析和通报工作，按照规定统一发布网络安全监测预警信息。

《中华人民共和国网络安全法》的网络社交媒体九不准的内容

①不准制作、传播与党的理论、路线、方针、政策相违背的信息和言论；

②不准制作、传播诋毁党、国家和公安机关形象的各种负面信息；

③不准制作、传播低俗信息、不实信息和不当言论；

④不准讨论、传播公安机关涉密或者内部敏感事项；

⑤不准擅自发布涉及警务工作秘密的文字、图片、音视频；

⑥未经本单位主管领导批准，不准以民警身份开设微博、微信公众号，个人微博、微信头像不得使用公安标志与符号；

⑦不准利用网络社交工具的支付、红包、转账等功能变相进行权钱交易；

⑧不准利用网络社交媒体进行不正当交往，非工作需要不得加入有明显不良倾向的微信群、论坛等网络社交群体；

⑨不准利用网络社交媒体从事其他与法律法规、党纪条规和党的优良传统相违背的活动。

3.《中华人民共和国刑法》

第二百九十一条之一：投放虚假的爆炸性、毒害性、放射性、传染病病原体等物质，或者编造爆炸威胁、生化威胁、放射威胁等恐怖信息，或者明知是编造的恐怖信息而故意传播，严重扰乱社会秩序的，处五年以下有期徒刑、拘役或者管制；造成严重后果的，处五年以上有期徒刑。编造虚假的险情、疫情、灾情、警情，在信息网络或者其他媒体上传播，或者明知是上述虚假信息，故意在信息网络或者其他媒体上传播，严重扰乱社会秩序的，处三年以下有期徒刑、拘役或者管制；造成严重后果的，处三年以上七年以下有期徒刑。

4.《中华人民共和国个人信息保护法》

第十条：任何组织、个人不得非法收集、使用、加工、传输他人个人信息，不得非法买卖、提供或者公开他人个人信息；不得从事危害国家安全、公共利益的个人信息处理活动。

第十四条：基于个人同意处理个人信息的，该同意应当由个人在充分知情的前提下自愿、明确作出。法律、行政法规规定处理个人信息应当取得个人单独同意或者书面同意的，从其规定。个人信息的处理目的、处理方式和处理的个人信息种类发生变更的，应当重新取得个人同意。

第三十一条：个人信息处理者处理不满十四周岁未成年人个人信息的，应当取得未成年人的父母或者其他监护人的同意。个人信息处理者处理不满十四周岁未成年人个人信息的，应当制定专门的个人信息处理规则。

5.《中华人民共和国电子商务法》

第十九条：电子商务经营者搭售商品或者服务，应当以显著方式提请消费者注意，不得将搭售商品或者服务作为默认同意的选项。

第二十条：电子商务经营者应当按照承诺或者与消费者约定的方式、时限向消费者交付商品或者服务，并承担商品运输中的风险和责任。但是，消费者另行选择快递物流服务提供者的除外。

第三十二条：电子商务平台经营者应当遵循公开、公平、公正的原则，制定平台服务协议和交易规则，明确进入和退出平台、商品和服务质量保障、消费者权益保护、个人信息保护等方面的权利和义务。

6.《互联网信息服务管理办法》

第二十四条：互联网信息服务提供者在其业务活动中，违反其他法律、法规的，由新闻、出版、教育、卫生、药品监督管理和工商行政管理等有关主管部门依照有关法律、法规的规定处罚。

7.《计算机信息网络国际联网安全保护管理办法》

第十九条：公安机关计算机管理监察机构应当负责追踪和查处通过计算机信息网络的违法行为和针对计算机信息网络的犯罪案件，对违反本办法第四条、第七条规定的违法犯罪行为，应当按照国家有关规定移送有关部门或者司法机关处理。

8.《网络信息内容生态治理规定》：该规定于 2020 年 3 月 1 日实施，旨在构建健康有序的网络信息内容生态。根据该规定，网络社交媒体平台需加强内容审核，防止违法和有害信息的传播。平台还要建立健全用户账号管理制度，加强实名认证，并对发布违法信息的用户做出处罚。

9.《网络安全审查办法》：该办法于 2022 年 2 月 15 日实施，针对网络产品和服务提供者实行安全审查制度。这包括社交媒体平台。审查范围涵盖了网络产品、关键信息基础设施、大数据等多个领域，以保障国家网络安全。

10.《互联网跟帖评论服务管理规定》：该规定于 2022 年 12 月 15 日实施，要求网络社交媒体平台对跟帖评论进行管理。平台需要审核和过滤违法信息，建立用户实名制度，保留用户信息，积极配合相关部门的调查和处理。

11. 《网络出版服务管理规定》：该规定于 2016 年 3 月 10 日实施，要求网络运营者应当建立完善的网络安全管理制度，采取技术措施和管理。

12. 《国家新闻出版广电总局关于规范报刊单位及其所办新媒体采编管理的通知》。

12.1 坚持正确舆论导向

各报刊出版单位要落实导向管理全覆盖要求，坚持传统媒体与新媒体一个标准，把坚持正确舆论导向贯彻落实到新闻采编的各个岗位和各个环节，特别是要贯彻落实到所办的网站、微博、微信、客户端等新媒体领域；要弘扬主旋律，传播正能量，创新方法手段，有效引导社会舆论，自觉抵制各类有害和虚假信息的传播。

12.2 统一管理要求

进一步完善新闻采编管理制度，用"一个标准、一把尺子、一条底线"统一严格管理所办报刊、网站、微博、微信、客户端等各类媒体及其采编人员；要严格执行"三审三校"、新闻采编与经营两分开等制度，进一步规范采、编、发工作流程，坚持实地采访、现场采访、直接采访，建立新闻消息来源核实核准机制，多方核实新闻事实，确保新闻报道真实、全面、客观、公正。

12.3 严格审核内容

进一步完善内容审核把关制度，明确审核把关重点和环节，加强对所办报刊、网站、微博、微信、客户端等各类媒体刊发内容的审核把关。刊发新闻报道必须履行采访核实和审核签发程序，确保新闻报道准确客观、导向正确后方可刊发，不得刊发未经核实的新闻报道，不得直接使用、刊发未经核实的网络信息，不得直接转载没有新闻发布资质的网站、微博、微信、客户端等发布的新闻信息，不得刊发淫秽、赌博、暴力以及其他危害社会公德和违背国家法律法规规定的文字、语音、图片和视频；转载其他新闻单位的新闻报道，不得对原稿进行实质性修改，不得歪曲篡改标题和稿件原意，并应当注明原稿作者及出处。要建立健全社会自由来稿审核制度，不得直接使用未经核实的社会自由来稿，涉及重大选题备案的，要依法依规履行报备程序。

12.4 规范新闻标题制作

制作新闻标题应遵循国家通用语言文字使用的基本规范，遵守文题相符的基本要求，审慎使用网络语言，不得使用不合逻辑、不合规范的网络语言，不得使用"网曝""网传"等不确定性词汇，确保新闻标题客观、准确地表达新闻事实，传达正确的立场、观点、态度，严防扭曲事实、虚假夸大、无中生有、迎合低级趣味的各类"标题党"行为。

12.5 加强网络活动管理

报刊出版单位要进一步贯彻落实《新闻从业人员职务行为信息管理办法》《关于加强新闻采编人员网络活动管理的通知》等有关规定，设立网站、微博、微信、客户端等新媒体，按规定向主管单位报备，并建立健全内部管理制度，加强监督管理，严禁将网站及网站频道的新闻采编业务对外承包、出租或转让。新闻从业人员以职务身份开设微博、微信、客户端等，或在其他媒体上发布职务行为信息的，须事先经本单位同意。

12.6 完善问责机制

进一步贯彻落实意识形态工作责任制，明确责任主体，落实采、编、发各环节管理责任，建立健全责任追究制度。对违法违规刊发新闻报道的，要依法依规严肃追究撰稿记者、责任编辑、部门主任、值班总编等相关人员的责任。

13. 《关于加强"自媒体"管理的通知》

各省、自治区、直辖市党委网信办,新疆生产建设兵团党委网信办:

为加强"自媒体"管理,压实网站平台信息内容管理主体责任,健全常态化管理制度机制,推动形成良好网络舆论生态,现就有关工作要求通知如下:

13.1 严防假冒仿冒行为

网站平台应当强化注册、拟变更账号信息、动态核验环节账号信息审核,有效防止"自媒体"假冒仿冒行为。对账号信息中含有党政军机关、新闻媒体、行政区划名称或标识的,必须人工审核,发现假冒仿冒的,不得提供相关服务。

13.2 强化资质认证展示

对从事金融、教育、医疗卫生、司法等领域信息内容生产的"自媒体",网站平台应当进行严格核验,并在账号主页展示其服务资质、职业资格、专业背景等认证材料名称,加注所属领域标签。对未认证资质或资质认证已过期的"自媒体",网站平台应当暂停提供相应领域信息发布服务。

13.3 规范信息来源标注

"自媒体"在发布涉及国内外时事、公共政策、社会事件等相关信息时,网站平台应当要求其准确标注信息来源,发布时在显著位置展示。使用自行拍摄的图片、视频的,需逐一标注拍摄时间、地点等相关信息。使用技术生成的图片、视频的,需明确标注系技术生成。引用旧闻旧事的,必须明确说明当时事件发生的时间、地点。

13.4 加强信息真实性管理

网站平台应当要求"自媒体"对其发布转载的信息真实性负责。

"自媒体"发布信息时，网站平台应当在信息发布页面展示"自媒体"账号名称，不得以匿名用户等代替。"自媒体"发布信息不得无中生有，不得断章取义、歪曲事实，不得以拼凑剪辑、合成伪造等方式，影响信息真实性。

13.5 加注虚构内容或争议信息标签

"自媒体"发布含有虚构情节、剧情演绎的内容，网站平台应当要求其以显著方式标记虚构或演绎标签。鼓励网站平台对存在争议的信息标记争议标签，并对相关信息限流。

13.6 完善谣言标签功能

涉公共政策、社会民生、重大突发事件等领域谣言，网站平台应当及时标记谣言标签，在特定谣言搜索呈现页面置顶辟谣信息，运用算法推荐方式提高辟谣信息触达率，提升辟谣效果。

13.7 规范账号运营行为

网站平台应当严格执行"一人一号、一企两号"账号注册数量规定，严禁个人或企业操纵"自媒体"账号矩阵发布传播违法和不良信息。应当要求"自媒体"依法依规开展账号运营活动，不得集纳负面信息、翻炒旧闻旧事、蹭炒社会热点事件、消费灾难事故，不得以防止失联、提前关注、故留悬念等方式，诱导用户关注其他账号，鼓励引导"自媒体"生产高质量信息内容。网站平台应当加强"自媒体"账号信息核验，防止被依法依约关闭的账号重新注册。

14. 明确营利权限开通条件

"自媒体"申请开通营利权限的，需3个月内无违规记录。账号主体变更的，自变更之日起3个月内，网站平台应当暂停或不得赋予其营利权限。营利方式包括但不限于广告分成、内容分成、电商带货、直播打赏、文章或短视频赞赏、知识付费、品牌合作等。

14.1 限制违规行为获利

网站平台对违规"自媒体"采取禁言措施的，应当同步暂停其营利权限，时长为禁言期限的 2 至 3 倍。对打造低俗人设、违背公序良俗网红形象，多账号联动蹭炒社会热点事件进行恶意营销等的"自媒体"，网站平台应当取消或不得赋予其营利权限。网站平台应当定期向网信部门报备限制违规"自媒体"营利权限的有关情况。

14.2 完善粉丝数量管理措施

"自媒体"因违规行为增加的粉丝数量，网站平台应当及时核实并予以清除。禁言期间"自媒体"不得新增粉丝，历史发文不得在网站平台推荐、榜单等重点环节呈现。对频繁蹭炒社会热点事件博取关注的"自媒体"，永久禁止新增粉丝，情节严重的，清空全量粉丝。网站平台不得提供粉丝数量转移服务。

14.3 加大对"自媒体"所属 MCN 机构管理力度

网站平台应当健全 MCN 机构管理制度，对 MCN 机构及其签约账号实行集中统一管理。在"自媒体"账号主页，以显著方式展示该账号所属 MCN 机构名称。对于利用签约账号联动炒作、多次出现违规行为的 MCN 机构，网站平台应当采取暂停营利权限、限制提供服务、入驻清退等处置措施。

14.4 严格违规行为处置

网站平台应当及时发现并严格处置"自媒体"违规行为。对制作发布谣言，蹭炒社会热点事件或矩阵式发布传播违法和不良信息造成恶劣影响的"自媒体"，一律予以关闭，纳入平台黑名单账号数据库并上报网信部门。对转发谣言的"自媒体"，应当采取取消互动功能、清理粉丝、取消营利权限、禁言、关闭等处置措施。对未通过资质认证从事金融、教育、医疗卫生、司法等领域信息发布的"自媒体"，应当采取取消互动功能、禁言、关闭等处置措施。

14.5 强化典型案例处置曝光

网站平台应当加强违规"自媒体"处置和曝光力度，开设警示教育专栏，定期发布违规"自媒体"典型案例，警示"自媒体"做好自我管理。

各地网信部门要切实履行属地管理责任，强化业务指导和日常监管，开展对资讯、社交、直播、短视频、知识问答、论坛社区等类型网站平台的督导检查，督促网站平台严格对照工作要求抓好贯彻落实，切实加强"自媒体"管理。